Loriot

Sehr verehrte Damen und Herren ...

Die Kleine Reihe

LORIOT

Sehr verehrte Damen und Herren ...

– Reden und Ähnliches –

BÜCHERGILDE GUTENBERG

Herausgegeben von Daniel Keel

Mit Vignetten des Autors

Lizenzausgabe für die Büchergilde Gutenberg
Frankfurt am Main und Wien
mit freundlicher Genehmigung des
Diogenes Verlages Zürich

Einbandgestaltung Heinrich Thomas, Heidesheim
Herstellung Margot Mayer, Erzhausen
Satz Dörlemann-Satz, Lemförde
Druck R. Oldenbourg Graphische Betriebe, Kirchheim
Bindung Großbuchbinderei Monheim, Monheim
Printed in Germany 1995 ISBN 3 7632 4273 2

Inhalt

Zum Geleit
oder Von den Zugvögeln 9

100 Jahre Berliner Philharmonisches Orchester
Eine Festrede in der Berliner Philharmonie 11

Mein Freund Manfred
Vorwort zum »Großen Manfred-Schmidt-Buch« 14

Damenrede
anläßlich des Bülowschen Familientages in Celle 17

Der Säugling und das Fernsehen
Goldene Kamera, Berlin 1970 20

Peter Neugebauers Neurosen
Vorwort zum gleichnamigen Buch 23

Der Vampyr
Eine Rechtfertigung 26

Bizarr – Grotesk – Monströs
Eine Ausstellung zeitgenössischer Karikaturisten in der Kestner-Gesellschaft, Hannover 1978 28

Mit schlechtem Gewissen
Goldene Kamera, Berlin 1978 32

Ein Deutsches Theater
Zur Wiedereröffnung des traditionsreichen Hauses in München 33

30 Jahre Diogenes
Zum Verlagsgeburtstag 36

Mit tiefer Bewegung
Rede anläßlich der Verleihung des »Goldenen Möbelwagens« in der Stuttgarter Liederhalle 39

Gänseblümchen
Erich-Kästner-Preis 1984 43

Das neue Landratsamt
Eine Einweihung in Starnberg 48

Willem Grimm
Meinem Lehrer zum 80. Geburtstag 53

Weimar (DDR)
Eine Ausstellungseröffnung 57

Rostock (DDR)
Eine Ausstellungseröffnung 60

Versuch über Joachim
Zum 60. Geburtstag des Kritikers Joachim Kaiser 62

Was ist Film?
Bayerischer Filmpreis 1989 69

Der Traum von kurzen Strümpfen
Ernst-Lubitsch-Preis 1989 72

90 Jahre Prinzregententheater
München 1991 75

A B Le D E F G
Kulturpreis der Champagnerfirma Abelé, 1989 76

Karikatur – Europäische Künstler der Gegenwart
Eine Ausstellungseröffnung in Hannover 79

Das Goldene Grammophon
Hamburg 1991 83

Für Horst
*Zum 70. Geburtstag des Filmproduzenten
Horst Wendlandt* 86

Das Kleinod
Video Winner 1991 91

Paul Flora
Zum 70. Geburtstag 93

Das Jahrtausendereignis
Eine Ausstellung im Potsdam-Museum 95

Für Heinz Rühmann
Eine Szene zum 90. Geburtstag 98

Satire im Fernsehen
Vortrag in der Evangelischen Akademie Tutzing 102

Candide
Das Musical von Leonard Bernstein 109

Glück und Unglück
Ein Fragebogen des F.A.Z.-Magazins 111

Der Ring an einem Abend
Wagners Bühnenfestspiel »Der Ring des Nibelungen«
in einer Fassung für Erzähler, Sänger und Orchester 113

Was ist ein Wagnerianer?
Nachwort zu Hermann Schreiber
»Werkstatt Bayreuth« 134

Möpse & Menschen
Vorwort zum gleichnamigen Versuch
einer Autobiographie 135

Mein Jahresende 1992 138

Aus der Welt der Oper
Szenische Erläuterungen zu Gala-Konzerten
im Nationaltheater München 140

Zum Geleit

oder Von den Zugvögeln

Meine sehr verehrten Damen und Herren,

leider war es mir nicht möglich, meinem Verleger das vorliegende Buch auszureden. Da liegt es nun in aller Peinlichkeit und weist nach, wann und wo es mir nicht gelang, das Wort zu ergreifen. Keine Rede vor den Vereinten Nationen, nichts zur Lösung des Nahost-Konflikts, nicht einmal ein paar Worte vor dem Bundestag (jedenfalls besinne ich mich nicht darauf), nichts Flammendes, Aufwühlendes, kein Aufschrei.

Und doch gibt es da unter dem Datum des 19. September 1931 in einem meiner Schulhefte eine frühe naturwissenschaftliche Studie, auf die ich nicht ohne Stolz verweise. Sie soll am Anfang dieser Sammlung stehen. (Die eigenwillige Rechtschreibung ist beibehalten.)

Von den Zugvögeln.

Wen die Zugvögel weckfliegen machen sie sich erst zu großen Scharen. Manche Zugvögel fliegen nur weck wen es sehr kalt ist. Dort in den warmen Ländern bauen sie es nicht so gut wie in Deutschland. Sie brüten auch nicht weil sie die Affen töten. Aber in Deutschland brüten.

Dieses Werk hat, so unerklärlich das auch erscheinen mag, von seiten der Literaturkritik noch nicht die Beachtung erfahren, die es verdient. Ich bin daher leider genötigt, eine angemessene Würdigung selbst vorzunehmen.

Mein Aufsatz, den ich in Sütterlin schrieb, einer Schrift, die heute nur noch wenige Fachleute beherrschen, weist, wie ich meine, schon weit über den Schulunterricht* hinaus. Gewiß, Mozart hat im selben Alter Klaviersonaten komponiert, aber auf literarischem Gebiet eben doch nichts zuwege gebracht, was mit den »Zugvögeln« zu vergleichen wäre.

Mit lapidarer Wucht, ohne unnötigen Wortballast, entwickelt sich der komplizierte Sachverhalt und bleibt doch anschaulich in jeder Phase des packenden Geschehens. Und wie behutsam wird das Problem des Überlebens angesprochen! Die Wortfolge »... weil sie die Affen töten ...« läßt offen, ob hier Affen oder Vögel ihrem Ende entgegensehen. Noch heute, nach über sechzig Jahren, hat dieses Phänomen nichts von seiner tragischen Aktualität verloren. So dicht war der Siebenjährige den Geheimnissen der Schöpfung auf der Spur.

Bedauerlicherweise blieb diese Arbeit ein Einzelfall, und ich muß Sie bitten, sich bei der Lektüre der folgenden Seiten nicht von übertriebenen Erwartungen leiten zu lassen.

Ammerland, im März 1993 *Loriot*

* 4. Volksschule, Berlin-Wilmersdorf, Nachodstr. 17

100 Jahre Berliner Philharmonisches Orchester

Eine Festrede in der Berliner Philharmonie
8. und 9. Mai 1982

Meine sehr verehrten Damen und Herren,

wenn wir in dieser Feierstunde ... nur *das* hat Bedeutung, so meine ich ... *durch* oder besser *im* Sinne der musikalischen Glaubwürdigkeit als Selbstverständnis im Sinne kultureller Verpflichtung unter der Maxime: Wer, wo, was und warum ... Hier liegt die unverzichtbare Aufgabe unserer geteilten Stadt.

Damit heiße ich Sie im Namen des Kulturdezernats Berlin-Tiergarten anläßlich des 100. Geburtstages des Berliner Philharmonischen Orchesters herzlich willkommen. Ferner übermittle ich Ihnen die Grüße der Staatlichen Konservatorien in Gifhorn, Seesen und Münster, der Bayerischen Akademie für Sozialrhythmik und des Interessenverbandes Niedersächsisches Liedgut.

Wir blicken zurück auf einhundert Jahre Orchestergeschichte ... Musik, so meine ich ... oder wie es Thomas Mann einmal formuliert hat: Hundert Jahre sind eine lange Zeit ... und Adorno dreißig Jahre später: Jaja, die Musik ... Kürzer, präziser ist das nie gesagt worden.

Die Berliner Philharmoniker als Botschafter einer Sprache, die überall verstanden wird: bis hin nach Wilmersdorf, Steglitz, Friedenau, Pankow ... 100 Jahre unfehlbarer Bläserduktus in gleichsam schwebender Transparenz vor dem samtenen Glanz der Streicher ... 100 Jahre aber auch als Geschichte tragischer Versäumnisse: Wer denkt da nicht an die Orchestersuiten in Ges-Dur, A-Dur und fis-Moll der hochbegabten Antje Fröbel, an die Krönungsmesse in B-Dur des achtjährigen Heinz Klemke? Sie wurden hier nie aufgeführt.

In 100 Jahren musizierten unsere Philharmoniker nachweislich rund 30 000 Konzertstunden. Das entspricht einem Dauerkonzert von knapp sieben Jahren, die Pausen nicht eingerechnet. Gewiß ein stolzes Ergebnis, aber auch eine bestürzende Tatsache: Offensichtlich wurde in 100 Jahren 93 Jahre geprobt! Das stimmt nachdenklich in Zeiten hoher Subventionen.

Schließlich sei bedauert, daß sich nicht *ein* Orchestermitglied des Gründungsjahrganges 1882 heute abend unter den Mitwirkenden befindet. Ein Versehen der Veranstalter? Oder die zeitgemäße Gleichgültigkeit gegenüber älteren Menschen, die nicht mehr so sauber blasen wie ihre Urenkel? Und das in Berlin, dem Zentrum vorbildlicher Klangkörperpflege?!

Dennoch bleibt uns der Dank für die Kontinuität eines musikalischen Wunders im Lichte vier großer Namen: Bühler, Niklitz, Feuchtwängler, Hermann v. Karajan – und damit die Bewunderung einer Gesamtleistung als Summe von Können und Fleiß oder Treue aus Willen zur Leistung . . . Hingabe als Anliegen *im* Dienst der Sache *im* Willen zum Glauben *an* Leistung *durch* Hingabe zur Musik im Verzicht *auf* Können ohne Anliegen . . . aber Treue zur Leistung *durch* Willen *im* Glauben zur Sache, in der Hingabe *an* Aufgabe und Anliegen *im* Dienste der Musik *aus* Überzeugung . . . Können im Glauben *an* die Summe von Treue und Leistung *im* Geiste richtigverstandener Tradition . . . oder, wie der Dichter sagt: Musik.

Mein Freund Manfred

Vorwort zum »Große Manfred-Schmidt-Buch«
Stalling Verlag Oldenburg, 1973

Jeder Mensch braucht im Leben etwas, das ihn auf dem Boden der Wirklichkeit hält. Für mich erfüllt diese Aufgabe seit vielen Jahren mein Freund Manfred Schmidt.

Liege ich an einem warmen Sommertage am Gestade des Starnberger Sees, mit dem Blick in die sinkende Sonne ein Gefühl biedermeierlicher Zufriedenheit nährend, naht alsbald mein Freund auf dem Wasserwege. Mit kräftigem Ruderschlag setzt er sein Boot an Land, um neben mir Platz zu nehmen. »Bei diesem Föhn«, sagt er unter Hinweis auf die besonnte, in makelloser Klarheit sichtbare Alpenkette, »bei diesem Föhm möchte man sich umbringen.« Und etwas später, während ihn Schmetterlinge umgaukeln und ein Segelboot sanft durch das Licht der Abendsonne gleitet, fügt er hinzu: »Diese Gegend ist infolge ihrer Witterung besonders geeignet für eine Strafkolonie.« Während mein eben noch helles Weltbild dumpfer Depression weicht, erhebt sich M. Sch., besteigt sein Boot und rudert erleichtert davon, mir noch lange fröhlich zuwinkend.

Der unwiderstehliche, strahlende Pessimismus meines Freundes erklärt sich durch seinen Geburtsort. Er ist Bremer. Bremer sind bekannt für ihr lustvolles Verhältnis zum Makaberen. Schon als Knabe wurde er von einer Tante regelmäßig zum Friedhof mitgenommen, um dort mit Hilfe eines kleinen Hölzchens die auf dem Stein des Familiengrabes eingemeißelten Namen verblichener Vorfahren zu säubern. Damals kannten wir uns noch nicht.

Erst sehr viel später trafen wir uns auf einer Faschingsveranstaltung unserer gemeinsamen Münchner Vertragsillustrierten. Er war in lange weiße Stoffbahnen gewickelt, die sich infolge seines ausschweifenden Tanzstils in Auflösung befanden und meterlange hinderliche Schlaufen zwischen seinen Beinen bildeten. Dazu trug er eine von den Ohren mühelos gehaltene Blätterkrone und schlug eine goldene Leier. Als Nero meiner ansichtig wurde, sagte er: »Sie heißen doch in Wirklichkeit Clausewitz oder so was.«

Das ist jetzt zwanzig Jahre her, aber es scheint, als habe er gewisse exzentrische Züge des römischen Imperators nie mehr ganz abgelegt. Kürzlich befanden wir uns in einem kleinen verkehrsumbrandeten Pariser Straßencafé, wo er mich unter infernalischem Lärm und hautnahem Gedränge zu einem abgasgeschwängerten Aperitif einlud. Ich habe seine Augen nie so leuchten sehen. Allerdings muß gesagt werden, daß er in diesem Augenblick weniger den Konsum von Alkohol als vielmehr den Genuß hochprozentiger Weltstadtatmosphäre im Auge hatte, ohne die er in seinem bayrischen Gartenparadies lustlos dahinwelken würde.

Im übrigen wird seine phänomenale Beobachtungsschärfe nur noch übertroffen von der Sensibilität seiner Zunge. Ein geringfügiger Fehler in der Zubereitung seiner Lieblingssoße versetzt ihn in tiefe Niedergeschlagenheit. Andererseits riskiert er sein Leben, wenn es um das Wohl seiner Gäste geht. Kürzlich bewältigte er am Steuer seines Citroën mit einem gerösteten Spanferkel auf dem Rücksitz die acht Kilometer von der Kreisstadt bis zu seinem Haus in dreieinhalb Minuten, um das Tier knusprig auf den Tisch zu bringen. Ohne Spanferkel gilt M. Sch. als der besonnenste Fahrer des Voralpenlandes.

Diese Besonnenheit beruht nicht zuletzt auf dem bestimmten Gefühl, man habe ständig mit dem Hereinbrechen irgendeiner Katastrophe zu rechnen. Das veranlaßt ihn, vor jeder Reise die besten Flaschen seines Kellers auszutrinken. Der Gedanke, im Falle seines Ablebens eine ungeleerte Flasche 64er Mouton Rothschild zu hinterlassen, erscheint ihm sündhaft und daher unerlaubt.

In meinem Freunde Manfred verbindet sich eine romantische Leidenschaft für die große bunte Welt mit tiefem Mißtrauen gegenüber ihrer Haltbarkeit.

Damenrede

anläßlich des Bülowschen Familientages in Celle
14. September 1974

Meine sehr verehrten lieben Vettern
und Cousinen,

noch vor wenigen Tagen stand die Frage im Raum: Wer hält die Damenrede? Nun, sehr einfach, ein junger Vetter zwischen 20 und 30, dem schwachen Geschlecht und galanten Abenteuern nicht abgeneigt, dabei schön wie Apoll und unverdorben, kurz, die Wahl fiel auf mich.

Zunächst wollte ich mich der verantwortungsvollen Aufgabe entziehen, unter dem fadenscheinigen Vorwand, man spräche in gehobenen Kreisen nicht über Geld, Politik und Frauen. Ich habe den Irrtum eingesehen. Man spricht in gehobenen Kreisen nur über Geld, Politik und Frauen. Da wir die ersten beiden Punkte heute abend zum Glück als nebensächlich betrachten dürfen, fassen wir den letzten schärfer ins Bülowsche Auge.

Worauf beruht unsere gesellschaftliche Abhängigkeit von der Frau als solcher? Sind wir dem Kindesalter noch nicht entwachsen? Vermissen wir Mutters wärmende Oberweite? Tauschten wir vergeblich Schnuller gegen Zigarre? Müssen wir noch mit Puppen spielen?

Ach, was rede ich da von Abhängigkeit. Sind wir nicht frei in unserer eigenen männlichen Welt, in Sachen Firma, Konferenz und Vorstandssitzung?! Wer beschreibt den Lustgewinn durch einen schwarzen Dokumentenkoffer (Seehund, handgenäht), das Prickeln während der Entnahme selbstdiktierten Aktenmaterials! Oder vergegenwärtigen wir uns den Herrenabend. Dieses launige Beisammensein im Kreise des eigenen, vertrauten Geschlechts. Da wird nicht sinnlos durcheinander geschwatzt, sondern durch das Erzählen stets derselben bewährten Geschichten ein kraftvolles Zusammengehörigkeitsgefühl erzeugt. Und nach der gemeinsamen zügellosen Einnahme von Speisen und Getränken (Quittung bitte mit Stempel) löst sich der oberste Knopf von Hemd und Beinkleid wie von selbst – und dann ist »Freiheit« kein leeres Wort mehr! . . . . . . Frauen? . . . Ha! . . . Omo . . . Spüli . . . Weißer Riese . . . pflegeleicht . . .! Wenn man Fernsehen, Funk und Illustrierten Glauben schenken darf (und es spricht ja nichts dagegen), sind das die Lebensinhalte unserer lockigen Gefährtinnen. Der Traum vom Bacchanal entweicht Lenor-gepflegt. Auch heute abend.

Unsere Damen sind maßvoll und bescheiden, wahren im Genuß die Grenzen kulinarischer Schicklichkeit und bleiben in der Kleidung korrekt. Es sei denn, daß eine verwegene Cousine sich unter dem Tisch ihres ebenso eleganten wie knapp gewählten Schuhwerkes entledigt. Ein Einzelfall. Im großen ganzen hemmten die Damen in den letzten tausend Jahren, so meine ich, den vitalen Schwung unserer männlichen Namensträger. Schon vor tausend Jahren hatte die Hausfrau immer was dagegen, wenn es galt, in unschuldsvoller Lebenslust die Burg des Nachbarn brandzuschatzen, Bären zu jagen, solange die Kühltruhe noch voll ist, oder auf der Heimfahrt vom Sängerfest auf der Wartburg noch 140 Sachen aus dem alten Opel rauszukitzeln.

Was ist es also, das uns dennoch ständig die Nähe unserer Damen suchen läßt?

Nun, ich fürchte, schon unser Stammvater Ritter Gottfried wußte insgeheim, daß gerade im Verbot, in der moralischen Behinderung durch weibliche Vernunft die stärksten Reizmomente liegen. Und wer ist unser Publikum? In wessen Augen mischt sich Furcht und Stolz beim Anblick unseres mittelmeergebräunten Muskelspiels? Wer sieht staunend zu, wenn es uns trotz spärlich werdendem Pfauenfedernwuchs hin und wieder gelingt, ein Rad zu schlagen? ... Ich sehe an Ihren bestürzten Gesichtern, daß Sie mit dieser Wendung nicht gerechnet haben. Jawohl, es ist das Weib!

Laßt uns resümieren: Nur bei voreiliger Betrachtungsweise erscheint uns rätselhaft, daß wir von dem nicht lassen können, was uns hindert, in maskuliner Natürlichkeit jauchzende Höhenflüge anzutreten. Denn bei genauer Prüfung wird uns klar, daß erst die Frau jene kultivierte Atmosphäre schafft, gegen die es Spaß macht, aufzumucken!

So laßt uns das Glas erheben, vorübergehend den bacchantisch geöffneten obersten Knopf des Beinkleides schließen und unseren Damen für eine Unzahl historischer Verdienste danken ...

Der Säugling und das Fernsehen

Goldene Kamera, Berlin 1970

Meine sehr verehrten Damen und Herren,

zwangsläufig sehe ich hin und wieder ein erbarmungsloses Auge auf mich gerichtet: das Objektiv der Kamera im Studio 3 des Süddeutschen Rundfunks. Aber das wirkt doch recht verträumt im Vergleich zu 250 Augenpaaren, auf deren Netzhäuten sich bereits so etwas wie die Umrisse eines kalten Buffets abzeichnen.

Wenn ich dennoch ungerührt in meinen Ausführungen fortfahre, zeugt das für die Rücksichtslosigkeit, mit der ein Fernsehschaffender von heute die Wünsche des Publikums mißachtet, um die Gelegenheit zu eitler Selbstdarstellung zu nutzen.

Bevor ich mich genötigt sehe, weitere ernste, ja bestürzende Dinge zur Sprache zu bringen, möchte ich einer Pflicht genügen, die mir ebenso angenehm wie ehrenvoll erscheint. Es ist der Dank im Namen aller derjenigen, die heute mit der Goldenen Kamera ausgezeichnet wurden, an alle diejenigen, die sie gestiftet und vergeben haben: an den Verleger und die Jury der größten deutschen Fernsehillustrierten – die nicht genannt sein möchte.

Meine Damen und Herren, wir wollen eine Frage an den Anfang stellen, deren ständig wachsender Bedeutung wir uns nicht länger verschließen können: Ist es ratsam, dem deutschen Säugling die Bedienung eines Fernsehgerätes zu gestatten, solange er noch gestillt wird ...?

Aber lassen wir die Frage zunächst im Raum stehen und überprüfen wir einmal die gegen das Fernsehen gerichteten Argumente auf ihre Stichhaltigkeit. Gewiß, die ersten Farbfernsehgeräte wiesen noch kleine Anfangsmängel auf, was mehrmaligen, oft täglichen Hin- und Hertransport erforderlich machte. Aber zahllose Hausherren erhielten hierdurch eine ausdrucksvolle Oberarmmuskulatur, viele Hausfrauen eine straffe Büste. Es ist wohl richtig, daß in Zeiten optimal koordinierter Fernsehprogramme manche Dinge liegenbleiben, es wird kaum noch gegessen, wenig geschlafen. Aber denken wir andererseits doch auch an die Millionen glücklicher Fernsehteilnehmer, die nach sechs- und mehrstündiger Bestrahlung durch das eingeschaltete Gerät nun die *Hörzu* im milden Schein ihres radioaktiv aufleuchtenden Brustkorbes ohne Hilfe der Nachttischlampe zu lesen imstande sind.

Wohl wird durch attraktiv gestaltete Fernsehunterhaltung die zwischenmenschliche Beziehung, sagen wir es offen: das Liebesglück, gelegentlich verschoben, wenn nicht gänzlich verhindert. Aber in der gegenwärtigen Ära überlasteter Erotik kann dieser Umstand nur als wohltuend empfunden werden.

Von hier ist es nur ein Schritt zum deutschen Kleinkind. Der Test eines bekannten Meinungsforschungsinstitutes hat mit überraschender Eindeutigkeit ergeben, daß bundesdeutsche Kleinkinder durchschnittlich begabten Haushunden ebenso moralisch wie geistig überlegen sind. Einschränkungen, die Programmauswahl und Sendezeit betreffen, erübrigen sich also.

Anlaß zur Besorgnis gibt jedoch ein immer wieder auftretender Fernsehüberdruß des Kindes. Das Kleine widmet sich dann meist – eine bedauerliche Begleiterscheinung – in bedrohlichem Maße der Schularbeit. Es sind Fälle bekanntgeworden, in denen Kinder gesunder Eltern schon gegen 23 Uhr einen noch laufenden amerikanischen Spielfilm verließen, um mehrstellige Multiplikationsaufgaben zu lösen.

Die Eltern schwieriger, zur Opposition neigender Kinder sollten nicht verzweifeln. Durch konsequenten Entzug des Schulunterrichts wird das Kind zunächst wieder auf das Familienleben konzentriert und dann, ebenso behutsam wie nachdrücklich, an seine eigentliche Bestimmung, an das Fernsehgerät, herangeführt.

Die anfänglich gestellte Frage beantwortet sich nun von selbst: Jeder Säugling sollte sich so früh und so gründlich wie möglich mit einem Fernsehgerät beschäftigen, denn später hat er ja auch nichts anderes.

Lassen Sie mich abschließend noch einmal auf den Anlaß des heutigen Festaktes zurückkommen.

Nach meiner letzten Cartoon-Sendung erhielt der Süddeutsche Rundfunk einen Zuschauerbrief, den ich auszugsweise vorlesen möchte:

»Was bezwecken Sie mit solchen Sendungen? Wer ist dafür verantwortlich? Was werden Sie tun, damit solcher Dreck nicht nochmals ausgestrahlt wird? Ich bitte um umgehende Stellungnahme. Oder ist es Ihnen lieber, wenn ich mich an *Bild* wende?«

Peter Neugebauers Neurosen

Vorwort zum gleichnamigen Buch im Verlag Gruner und Jahr Hamburg, 1980

Seit etwa 28 Jahren bin ich mit Herrn Neugebauer befreundet und habe noch keine Neurose. Das grenzt ans Wunderbare, denn schon nach flüchtigem Durchblättern des vorliegenden Werkes wird der Durchschnittsleser genötigt sein, sich einer langwierigen psychotherapeutischen Behandlung zu unterziehen. Warum geht also ein gesunder Mensch in eine Buchhandlung, erwirbt die Ausgeburten eines zwar genialen, aber offensichtlich gestörten Zeichnerhirns und gefährdet damit sich und andere? Auf diese Frage ergibt sich nach einem ebenso zeitraubenden wie komplizierten Denkvorgang eine Antwort, die wie alle wirklich bedeutenden Erkenntnisse einfach ist: Ein Mensch, der ein Buch kauft, ist eben nicht gesund. Der gesunde Mensch arbeitet, sieht fern, verdaut und pflanzt sich fort. Er liest nicht. Man darf also behaupten, wer ein Buch wie das vorliegende kauft, war bereits vorher soweit geschädigt, daß weder der Autor noch die Buchhandlung oder der Verlag für den Ausbruch einer Neurose haftbar gemacht werden kann, handelt es sich doch um das lang erwartete Standardwerk von einem Wahnsinnigen für Wahnsinnige.

Obwohl es sich nun eigentlich erübrigt, den Autor noch eingehender zu charakterisieren (das meiste fällt ohnehin unter die ärztliche Schweigepflicht), seien hier einige Daten aus Peter Neugebauers Krankengeschichte der Öffentlichkeit zugänglich gemacht.

Mein armer Freund wurde 1929 in Hamburg geboren. Das macht ihn älter, als er aussieht. Kaum zwanzigjährig, war er alleiniger Herausgeber einer Kinderzeitung. Die inzwischen herangewachsenen kleinen Leser dieses Blattes arbeiten heute fast ausnahmslos in leitenden Positionen des internationalen Mädchenhandels. Die Studienjahre von 1951 bis 1954 an der Hamburger Landeskunstschule schienen ihm gutzutun. Sein Blick verlor das Unstete, seine angehende Künstlerhand führte den Pinsel ruhig und sicher. Weder Professor Mahlau noch die Mitschüler haben in dieser Zeit etwas Auffälliges an ihm bemerkt. Mir gab jedoch zu denken, daß er schon damals in Gegenwart von kurzhaarigen Haustieren zu niesen pflegte. Bald darauf begann er seine steile, unheilvolle Karriere bei der damals noch sehr bekannten Illustrierten *Der Stern,* gelegentlich auch bei der Wochenzeitung *Die Zeit* und der Tageszeitung *Die Welt.* Damit war der Keim zum Ausbruch des Leidens gelegt. Welcher auch nur halbwegs sensible Mensch kann, ohne schweren geistigen Schaden zu nehmen, jahrzehntelang für Presseerzeugnisse arbeiten, die unser Leben so darstellen, wie es ist.

Er veröffentlichte und illustrierte dann verschiedene Bücher im Schweizer Diogenes Verlag, einem Unternehmen, dessen Programm gekennzeichnet ist von pessimistischer Philosophie, Verbrechen und perverser Lust. Die Titel beweisen, daß er spätestens zu diesem Zeitpunkt die Kontrolle über sich verloren hatte: *Vivat Vampir, Lexikon der Erotik, Mörderglück, Draculas Gast, Die Bestie mit den fünf Fingern* und ähnliches. Ferner verbreitete er durch die sonst eigentlich seriöse Deutsche Verlagsanstalt *Die Wahrheit über Ludwig II.* und verunsicherte über viele

Jahre die Leser des *Stern* durch *Zeus Weinsteins Abenteuer.*

Unverständlicherweise wurde Peter Neugebauer 1968, wohl in Unkenntnis seines psychiatrischen Befundes, mit dem Zille-Preis ausgezeichnet. Daß er in der Tat einer unserer besten Zeichner ist, einer der ganz wenigen, die sich stilbildend auf die Karikatur der Gegenwart ausgewirkt haben, macht seinen Fall nur noch tragischer.

Seit vielen, vielen Jahren fahren wir im Herbst zusammen auf eine italienische Insel, wandern hinauf zu den Palastruinen aus der römischen Kaiserzeit und betrachten schaudernd das sturmgepeitschte Meer. Dann leuchtet es in den Augen meines armen Freundes, und während der Wind in sein immer noch volles Haupthaar fährt, sagt Peter Neugebauer drohend: »Ich bin Claudius, Kaiser und Gott!« Dann sage ich: »Ja, ja«, und alles ist wieder gut.

Der Vampyr

Eine Rechtfertigung
Süddeutscher Rundfunk Stuttgart, 18. Juli 1971

Meine Damen und Herren. Haben Sie sich schon einmal Gedanken darüber gemacht, daß es in unserem Wohlstandsstaat eine notleidende Bevölkerungsgruppe gibt, an der sogar die Reformpläne einer sozialistischen Regierung vorübergegangen sind?

Der Vampyr gehört in der Bundesrepublik zu einer Minderheit. Als Wähler ist er somit uninteressant. Noch vor wenigen Jahren in aller Munde, ist er heute nahezu in Vergessenheit geraten. Was wird für alternde oder unverschuldet in Not geratene Vampyre getan? Nichts! Im Gegenteil: wir werden unter Mißachtung des Grundgesetzes in der freien Ausübung unserer Lebensgewohnheiten vorsätzlich behindert. Es sind Fälle bekannt, in denen unbescholtene Vampyre öffentlicher Verfolgung ausgesetzt wurden, weil sie nächtlichen Straßenpassanten, in netter Form, Blut entnommen hatten. Ein gesunder Vampyr benötigt pro Nacht ein bis zwei Liter frisches Damen- oder Herrenblut. Dafür verzichtet er aber auch auf Teigwaren, Obst, Käse und Gemüse.

Durch die ablehnende Haltung der Bevölkerung greifen schwere Depressionen und Ernährungsschäden gerade unter jugendlichen Vampyren in erschreckendem Maße um sich. Allein in Rheinland-Pfalz waren im Jahre 1970 mehr als 2000 Vampyre zwischen zwei- und dreihundert Jahren bettlägerig.

Was ist das für ein Staat, der in jedem Jahr Milliarden für die Rüstung ausgibt und keinen Tropfen Blut für seine Vampyre übrig hat. Da stimmt doch was nicht!

Es ist kurz vor 12. Wir wenden uns an die Öffentlichkeit. Wer spendet Blut, Särge, warme Decken und Zahnersatz? Wer nimmt junge Vampyre in den Ferien auf? Wer schnell hilft, hilft doppelt. Geldspenden erbeten auf Postscheckkonto Baden-Baden 22648.

Bizarr – Grotesk – Monströs

Eine Ausstellung zeitgenössischer Karikaturisten in der Kestner-Gesellschaft, Hannover 1978

Zeichner sollten ja eigentlich lieber zeichnen als reden, aber da ich seit einiger Zeit eben doch mehr rede als zeichne, kommt es ja nun auch nicht mehr drauf an.

Karikaturisten in der Kestner-Gesellschaft. Das ist ein angenehm undeutscher Vorgang. Wieso? Nun: deutsches Wesen erzeugt in seiner Musterhaftigkeit manches bizarre Nebenprodukt. Beispielsweise die Neigung, jedes Ding in einer sauber etikettierten Schublade einzuordnen, um es im Griff zu haben. Wo das nicht möglich scheint, verweist man das Ding gern auf einen diskreten Außenplatz und meidet Kontakte.

Nicht so die Kestner-Gesellschaft. Sie griff nach dem kulturellen Außenseiter Karikatur, zog ihn ans Herz und hängte ihn auf. Ohne Schublade, ohne Etikett, nur geleitet von der etwas vagen, aber ehrlichen Empfindung: bizarr . . . grotesk . . . monströs. Ein Wagnis also. Wähnt man nicht Karikaturisten in gefährlicher Nachbarschaft zur leichten Muse? Rauscht da nicht Kunstseide zwischen den Blättern? Aber da hängen wir nun, und in den Feuilleton-Redaktionen der Tagespresse schiebt man sich den Schwarzen Peter zu, wer um alles in der Welt darüber zu schreiben hat. Und was. Nur die Überschrift steht schon fest: Mit spitzer Feder.

Worauf beruht dieses jungfräuliche Verhältnis zwischen Kunstbetrachtung und Karikatur? Man weiß einfach nicht, wer zuständig ist. Es fehlt das Etikett. Ist das nun Kunst oder nicht? Und wenn ja, darf über Kunst gelacht werden?

In der Musik hat man da eine elegante Lösung gefunden. Es gibt ganz einfach U-Musik und E-Musik. »U« heißt »Unterhaltung«, »E« bedeutet »Ernst«. Alle Plattenfirmen haben ihre Programme dankenswerterweise auf diese Art gekennzeichnet. Jeder Musikkritiker weiß seitdem, daß die *Götterdämmerung* etwas ganz anderes ist als beispielsweise *Pack die Badehose ein.*

Ärgerlich ist nur, wie wenig sich die Komponisten an ihre Schublade gehalten haben. Der Jazz wurde so cool, daß von »U«, sprich »Unterhaltung«, nicht mehr die Rede sein konnte, aber ein E für ein U wollte man auch nicht gleich machen. Und Mozart wäre doch wohl sehr verdrossen, wenn ihm zu Ohren käme, daß man seine Divertimenti nicht zur Unterhaltung rechnen könne, trotz seiner Beteuerungen, sie seien als solche komponiert. Aber im großen ganzen sind kaum Zweifel möglich. U und E ist ein deutlicher Unterschied.

In Malerei und Graphik kannte man bis vor einigen Jahren diese Probleme nicht. Man kam sogar ohne besondere Kennzeichnung aus. Die Mona Lisa hatte mit Mickymaus eben doch wenig Gemeinsames, und der Mann mit dem Goldhelm war mit bloßem Auge von Snoopy zu unterscheiden.

Es gab zwar einige Grenzfälle, Goya etwa, Daumier, Toulouse-Lautrec oder Klee, die satirische oder humoristische Elemente erkennen ließen, aber doch eben in netter Form ... Ich meine, es wurde da nichts verwirrt ... es blieb alles ganz klar. Das war keine U-Malerei, es war E-Malerei.

Und die Karikatur war da, wo sie hingehörte: auf der Humorseite der Illustrierten.

Aber dann nahte das Verhängnis. Seriöse Maler, die auf sich hielten, legten ihren Pinsel aus der Hand, griffen zu Hammer und Nagel, Lötkolben, Bohrer, Kreissäge, Spaten, Diaprojektor und okkupierten im Handumdrehen ein Terrain, das als Zielgebiet auch der Karikaturist hätte vor Augen haben können.

Der hingegen begann, völlig überraschend, Originalzeichnungen anzubieten, handsigniert, und als die langsam knapp und teuer wurden, fertigte er auch satirische Siebdrucke und Lithos, signiert und numeriert. Ehe man sich's versah, war ein Steinberg-Original so teuer wie eine Handzeichnung von Klee. Das war nicht vorgesehen.

Die Kunstbetrachtung sah geniert zur Seite, das Verhältnis zur Karikatur blieb platonisch und somit ohne Folgen.

Es ist ja auch kein Wunder. Immerhin fehlt in der Entwicklung der Karikatur ein aus der Kunstgeschichte gewohntes Gütesiegel: der immer wiederkehrende deutliche Bruch mit der Tradition.

Eben den aber können wir uns nicht leisten. Wir sind auf die Darstellung des Menschen oder menschlicher Eigenschaften angewiesen. Dabei ändert sich zwar die Handschrift, der Inhalt aber nur soweit, als sich das menschliche Verhalten oder der Sinn für die Komik menschlichen Verhaltens ändert. Der Karikaturist darf seiner Zeit, wenn überhaupt, nur einen knappen Schritt vorauseilen, um den Kontakt zur Umwelt nicht zu verlieren.

Es kann also keinen großen, einsamen, seiner Zeit entrückten Karikaturisten geben, dessen Lebenswerk nur für Kenner oder erst nach seinem Tode zum Gegenstand ehrfürchtiger Betrachtung wird. Wir sind eben nicht bizarrer, grotesker und monströser, als unsere Zeit bizarr, grotesk und monströs ist. Schade, aber nicht zu ändern. Und das macht uns für die zeitgenössische und postume Kunstkritik leider so unattraktiv.

Und doch . . . sehe ich da nicht gegen Ende des kommenden Jahrhunderts diese endlose Menschenschlange, die sich um mehrere New Yorker Häuserblocks windet? Mit Klappstühlen und Schlafsäcken hat sie bei eisigem Wind die Nacht durchwacht, um erst gegen 9 Uhr morgens Einlaß im Metropolitan Museum zu finden. Dann schiebt sich die geduldige Menge zwei Stockwerke hoch in jenen repräsentativen Saal, der für das künstlerische Ereignis des Jahres völlig ausgeräumt und renoviert worden ist. Im Zentrum des Riesenraumes steht eine einzige Vitrine aus Panzerglas, an der die Menschen entblößten Hauptes schweigend vorbeidefilieren. Eine diskret angebrachte Starkstromleitung und vierzig Polizeibeamte in Zivil sichern das angestrahlte Kleinod. Es ist ein stockfleckiges Blatt aus meinem Notizblock, 9 × 12 cm, darauf ein Nasenmännchen in Bleistift, nicht signiert, mit Expertise der Kestner-Gesellschaft.

Mit schlechtem Gewissen

Goldene Kamera, Berlin 1978

Meine sehr verehrten Damen und Herren,

Was geschieht? Die größte Fernseh-Zeitschrift Europas zeichnet 11 Fernsehschaffende mit der Goldenen Kamera aus, mit dem goldenen, etwas verkleinerten Modell der sogenannten Farnworth-Kamera. Das wird Evelyn Hamann interessieren: Die von einem Mister Farnworth, Thomas Farnworth, wie ich vermute in der Firma Farnworth & Farnworth oder einfach in South- oder North-Farnworth hergestellte Farnworth-Kamera ist die erste in Deutschland eingesetzte Fernsehkamera. Sie ist gewissermaßen schuld daran, daß heute Millionen rechtschaffener Menschen übermüdet ins Büro kommen und dort mit rotgeränderten brennenden Augen über Sendungen des Vorabends diskutieren, die wir in rastloser Arbeit, unter Aufgabe des Privatlebens nahezu unentgeltlich produziert haben.

Die Frage, warum wir eigentlich Fernsehsendungen machen, würde uns in größte Verlegenheit versetzen. Vor der Produktion sind wir nicht ansprechbar, während der Produktion nicht erreichbar und nach der Produktion verletzbar. Was also ist es, was uns veranlaßt, Fernsehprogramme zu produzieren? Ich weiß es nicht. Jedenfalls hat es keinen vernünftigen Grund. Ich fürchte, es macht uns einfach Spaß. Und darum nehmen wir diese schöne Auszeichnung nicht ohne den Anflug eines schlechten Gewissens an. Es bleibt uns nur der herzliche Dank und die bange Hoffnung, Sie in Zukunft nicht zu enttäuschen.

Ein Deutsches Theater

Zur Wiedereröffnung
des traditionsreichen Hauses in München
8. Oktober 1982

Sehr verehrter Herr Ministerpräsident,
sehr verehrter Herr Staatsminister,
sehr verehrte Herren Oberbürgermeister und Bürgermeister,
meine sehr verehrten Damen und Herren,

als Leiter des Referates für kulturelle Angelegenheiten auf Bundesebene und stellvertretender Kulturbeauftragter des Rahmenausschusses der Sonderbereiche Kunst und Integration, Kunst und Kommunikation und Kunst und kulturelle Koordination zur Aktivierung und Optimierung der Bundesmodelle für kulturelle Investitionsprogramme übermittle ich Ihnen, auch im Auftrag des persönlichen Referenten der Abteilung kulturelle Öffentlichkeitsarbeit des Herrn Bundeskanzlers sowie des Arbeitskreises Kunst und Kultur im Informationsstab des Herrn Bundespräsidenten die herzlichsten Grüße.

Der Herr Bundespräsident selbst als Schirmherr der Wiedereröffnung dieses Hauses hatte für heute sein Kommen zugesagt, weilt jedoch zur Zeit in der Volksrepublik China. Das Bundespräsidialamt hatte irrtümlich angenommen, der angekündigte Auftritt des chinesischen Akrobatentheaters fände in Peking statt. Die Glückwünsche der Bundesregierung gelten München und seinem Deutschen

Theater, das in der ganzen Schwanthaler Straße nicht seinesgleichen hat.

In einer Stunde, wie wir sie hier und heute erleben dürfen, erscheint es unbegreiflich, daß es Augenblicke gab, in denen der Plan zur Modernisierung einer bedeutenden Kulturstätte zu scheitern drohte. Der Münchner Stadtrat hatte sich seinerzeit zwischen zwei Projekten zu entscheiden. Zur Diskussion standen die Renovierung des Deutschen Theaters und der Ankauf eines einzelnen Kampfflugzeuges vom Typ »Tornado«. Die kulturelle Bedeutung eines modernen Bühnenhauses war außer Zweifel. Auf der anderen Seite aber sprach für den »Tornado«, dank seiner Formschönheit, Wendigkeit und Schnelligkeit, ein hoher öffentlicher Unterhaltungswert. Die Finanzierungsfrage fiel nicht ins Gewicht, da der Preis für das eine wie für das andere Projekt identisch war: DM 48 Millionen, zuzüglich Mehrwertsteuer.

Nach monatelangen Beratungen im Bewußtsein der Verantwortung für die kulturellen Aufgaben der Stadt entschied die Feststellung, das Theater habe 1640 Sitzgelegenheiten, der »Tornado« hingegen nur 2, und München bekam sein Theater.

Nach einer bisher mehr im Heimatlichen wurzelnden Bühnentradition – man denke an das *Bayerische* Staatsschauspiel, die *Bayerische* Staatsoper – nun das *Deutsche* Theater, ein kühner Schritt über die Grenzen der Mundart hinaus in das deutschsprachige Mitteleuropa! Er bleibt nicht unbelohnt. Im Gegenzuge ist die Bundesrepublik bereit, den unzugänglichen Südosten unseres Vaterlandes verkehrstechnisch optimal zu erschließen. Das bedeutet: In wenigen Jahren wird Bayern auf dem Wasserwege erreichbar sein. Bonn–München, München–Bonn per Schiff. Ein bewegendes Beispiel natürlichen Kulturaustausches.

Denn nicht nur München, auch Bonn genießt als Kulturstadt Weltruf. Gelegentliche Übertragungen aus dem Plenarsaal des Bonner Deutschen Theaters beweisen, daß auch bei völligem Mangel an Sex gute Unterhaltung möglich ist. Leider wird in diese verdienstvolle Sendung häufig ein Publikum eingeblendet, das auf teuren Plätzen immer nur zur Hälfte applaudiert. Zufall? Der Racheakt einer unterbezahlten Komparserie? Oder nur die übliche Infamie des Fernsehens?

Gleichwohl, das Münchner Deutsche Theater wird durch behutsame Spielplangestaltung in enger Bindung an seine Tradition des ungeteilten Beifalls sicher sein.

Eine Kritik aus dem Jahre 1896, nach einer der ersten Vorstellungen in diesem Hause, möge der Direktion die nötige Zuversicht für ihre Arbeit geben:

»Herr Rippert kann nicht sprechen, Herr Kirsch hat eine heisere Stimme, Fräulein Bre war zu laut. Im Ganzen jedoch ein entschiedener Fortschritt.«

30 Jahre Diogenes

Zum Verlagsgeburtstag in Zürich
18. November 1982

Meine sehr verehrten Damen und Herren,

30 Jahre Diogenes ...

Das ist auch die Geschichte zweier Männer, die trotz ihres Alters in bewundernswerter geistiger Frische heute unter uns weilen. Daniel Keel und Ruedi Bettschart, eng verbunden durch die Ähnlichkeit ihrer rätselhaften Herkunft.

Werfen wir einen Blick zurück auf ihr gemeinsames Geburtsdatum, den 10. Oktober 1930 ...

In den frühen Morgenstunden dieses Tages fanden spielende Hunde auf den Eingangsstufen der Kronenhalle, eingewickelt in den Wirtschaftsteil der *Neuen Zürcher Zeitung,* einen noch warmen Säugling, der auf den Namen »Daniel« hörte. Die Wirtin des noblen Restaurants, damals wie heute führend in der Bewältigung gastronomischer Probleme, bewies auch in diesem Fall Geistesgegenwart und Geschmack.

Sie sagte: »Der kommt mir nicht auf den Tisch.« So wuchs das Kind zwischen den Stuhlbeinen der renommierten Gaststätte auf, erhielt den Beinamen »Keel«, lernte rasch essen, relativ stockend lesen und schreiben, jedoch niemals rechnen.

Zurück zum nämlichen Morgen des 10. Oktober 1930.

Kurz vor 5 stieß ein Schrankenwärter zwischen den Gleisen der Strecke Zürich–Basel auf einen Geschenkkarton der Firma Teuscher. Statt der erwarteten 3 Kilo Champagnertrüffel entnahm der enttäuschte Beamte dem Karton einen gesunden Knaben, eilte in die Kronenhalle, verzehrte dort mehr, als er sich leisten konnte, und gab den Säugling in Zahlung.

Das prägte den Sinn des Knaben für gute Geschäfte. Er wurde daher »Ruedi Bettschart« genannt.

Bald darauf, noch während des gemeinsamen Krabbelalters, schloß er sich dem jungen Daniel an. Dieser hatte kurz zuvor, unbefriedigt von seinem bis dahin ausschließlich an Nahrungsaufnahme und -abgabe orientierten Leben, einen schöngeistigen Verlag gegründet.

Nachdem beide in einer in der Merkurstraße befindlichen Tagesschule für Kleinkinder unter der Leitung von Frau Hildi Hess sechs Jahre lang notdürftig laufen gelernt hatten, verließen sie in einem unbewachten Augenblick die Kronenhalle, überquerten die Rämistraße, erklommen die Beletage des Hauses Nr. 33 und telefonierten insgesamt dreißig Jahre. So schufen sie den Diogenes Verlag.

In seinen Anfängen noch von einer bedauerlich intensiven Neigung zur Unterhaltung, näherte sich Diogenes bald seiner eigentlichen geistig-moralischen Bestimmung: der Entdeckung unbekannter, verstorbener Autoren und deren verdiente Eingliederung in die Weltliteratur. Ich nenne nur zwei: Shakespeare und Goethe.

Der eine, ein englischer Bühnenschriftsteller, erstmals zur Diskussion gestellt in geschmackvoller, zehnbändiger Taschenbuchkassette.

Der andere, Frankfurter, an der Schwelle des 19. Jahrhunderts, bisher nur seiner engeren Familie und dem Großherzog von Sachsen-Weimar bekannt, jetzt für 48 Mark mit zahlreichen Abbildungen unter dem Titel *Unser Goethe* der Öffentlichkeit vorgestellt. Man wird sehen ...

Soviel ist jedoch sicher. Nie hat der Diogenes Verlag über die ökonomische Notwendigkeit hinaus finanzielle Gewinne angestrebt. Alles Entbehrliche floß den Autoren zu und einigen Damen, die nicht genannt sein möchten. Ein Verlag, der neue Maßstäbe gesetzt hat: Diogenes!

Mit tiefer Bewegung

Rede anläßlich der Verleihung des »Goldenen Möbelwagens« in der Stuttgarter Liederhalle, 12. Februar 1983

Sehr verehrter Herr Minister,
sehr verehrter Herr Präsident,
meine sehr verehrten Damen und Herren,

nicht ohne tiefe Bewegung habe ich diese hohe Auszeichnung aus der Hand des Herrn Präsidenten empfangen. Nehmen Sie meinen ganz besonderen Dank.

In der Geschichte der Menschheit ist der »Goldene Möbelwagen« bisher nur viermal verliehen worden. Das Große Bundesverdienstkreuz mit Stern und Schulterband erscheint dagegen, bei rund 1800 Verleihungen, als eine vergleichsweise volkstümliche Dekoration, etwa wie der Nobelpreis mit seinen über 400 Preisträgern.

Das Bewußtsein, nun zu einem ganz kleinen, erlesenen Kreis zu gehören, erfüllte mich zunächst mit Zweifeln, ob denn meine Leistung und mein Lebenswandel eine derartige Bevorzugung rechtfertigten. Die Worte des verehrten Herrn Kultusministers, für die ich mich an dieser Stelle von Herzen bedanken möchte, bestärken mich nun jedoch in der Ansicht, daß diese Auszeichnung niemand Würdigeren hätte treffen können.

Aber Ehrung bedeutet auch Verpflichtung. Ich habe nun zu prüfen, ob meine Freunde, meine Frau und mein Kraftfahrzeug noch zu mir passen.

Da dieses Problem schon von anderen, teils mit Bravour, gelöst wurde, sehe auch ich meiner Bewährung zuversichtlich entgegen.

Ein Wort des Dankes an diese Stadt. Ich entdeckte Stuttgart rein zufällig, als ich in jungen Jahren auf einer Radfahrt von Plochingen nach Plieningen von der geteerten Straße abkam. Zunächst bestaunten die zutraulichen Einwohner den Fremden, verloren aber bald ihre Scheu, bewirteten mich mit handgefertigten Teigwaren, und ich beschloß zu bleiben.

Da ich ihre Sprache zwar verstehen, aber nicht sprechen lernte, hielt ich mich meist im Eberhard-Ludwigs-Gymnasium auf, in dem das Altgriechische gepflegt wurde, eine simple Sprache, die mir weniger Schwierigkeiten bereitete. Es waren glückliche Jahre. Bis Stuttgart eines Tages an das geteerte Straßennetz angeschlossen wurde, elektrisches Licht bekam und Telefon. Da bin ich dann weggezogen.

Vor knapp 120 Jahren, genau gesagt: im Mai 1864, war ein anderer Fremder auf die Gastfreundschaft Stuttgarts angewiesen: Richard Wagner, dessen Hinscheiden sich morgen zum 100. Male jährt. Er befand sich seinerzeit auf der Flucht vor seinen Gläubigern, in der Annahme, hier sei er nicht auffindbar. Aus dieser mißlichen Lage erlöste ihn ein Bote des Königs von Bayern: Seine Majestät geruhte, ihm in Zukunft alle Sorgen abzunehmen. Seither hat Stuttgart den Ruf eines Sprungbrettes zur Weltkarriere.

In diesem Zusammenhang darf ich den verehrten Herrn Kultusminister auf eine bestürzende Tatsache hinweisen, die dem verehrten Herrn Oberbürgermeister bekannt sein dürfte:

Laut amtlichem Telefonbuch 1982/83 leben zur Zeit,

mehr oder minder verborgen in den Mauern dieser Stadt, wohl in Erwartung eines Boten aus München:

1 Johann Sebastian Bach,
1 Anton Bruckner,
1 Richard Strauss,
1 Franz Schubert und
16 Richard Wagner.

Meine Damen und Herren, ich brauche Ihnen nicht zu sagen, welche einmalige Chance von welthistorischer Bedeutung sich hier der Landeshauptstadt Baden-Württembergs bietet, die Kunststadt München ein für allemal in ihre Schranken zu weisen.

Aber vielleicht ist der Zeitpunkt unglücklich gewählt, um über kulturpolitische Aktionen zu sprechen, die erst nach jenem Datum eingeleitet werden können, das uns geistig, seelisch und körperlich nahezu völlig in Anspruch nimmt: die Bundestagswahl am 6. März 1983. An diesem Tage werden, wie wir wissen, die Weichen gestellt für die Fahrt durch die letzten Jahre dieses Jahrtausends und möglicherweise viele weitere Jahrtausende.

Mit gewissem Befremden stelle ich fest, daß der heutige Abend es weitgehend an jenem Ernst fehlen läßt, den die Stunde gebietet. Das zentrale Problem, so scheint mir, liegt in der Ungewißheit, ob der Wähler richtig oder falsch entscheidet. Sinn und Zweck jeder Veranstaltung bis zum 6. März muß daher die politische Schulung sein. Ich möchte meine Ausführungen mit einer Demonstration schließen, die aus der Sicht des Bundestagspräsidenten geeignet ist, sich parteipolitisch zu orientieren:

Denken Sie sich jetzt eine gerade Linie von der Bühne über den Mittelgang bis zur Türe dort hinten in der Mitte. Darf ich nun alle Damen und Herren bitten, die sich auf *dieser* Seite der Linie befinden, sich möglichst ohne etwas umzustoßen zu erheben .... vielen Dank!

Sehen Sie, meine Damen und Herren: Das sind die Linken!

Guten Abend.

Gänseblümchen

Erich-Kästner-Preis
Schloß Blutenburg, München, 25. Februar 1984

Im Berlin des Jahres 1932 erwischte mich Kästner das erste Mal. Ich war acht Jahre, trug unkleidsame lange Baumwollstrümpfe, die unter den kurzen Hosen mittels heute weiblich anmutenden, seinerzeit jedoch auch bei Knaben üblichen Strumpfhaltern an einem Knöpfleibchen befestigt waren, und dazu passende, ebenso unschöne Schnürstiefel.

So saß ich im Kino und sah *Emil und die Detektive,* einen Film, in dem, wie ich mit gewisser Bitterkeit feststellte, alle Knaben meines Alters Kniestrümpfe und daher mit Sicherheit keine Knöpfleibchen trugen. Es gibt da eine Szene in der Eisenbahn. Emil sitzt einem bedrohlichen Mann gegenüber, der sich hinter einer aufgeschlagenen Zeitung verbirgt. Beide sind allein im Abteil.

Da geschieht etwas, was ich bis heute nicht vergessen habe: Für Sekunden leuchten durch die Zeitung hindurch die Augen des verborgenen Mannes auf. Mein Entsetzen, das angenehme Entsetzen des achtjährigen Kinobesuchers, wandelte sich im Laufe der Jahre. Heute empfinde ich dieses Bild als Metapher für die Wirkungsweise Erich Kästners. Ich widerstehe der Versuchung, den Gedanken weiter auszuführen. Man wird wissen, was ich meine.

Trotz mäßiger Grundschulzeugnisse, die keinen Vergleich mit Kästners schullebenslanger Traumbenotung erlauben, soll ich ein zwar stilles, aber aufmerksames Kind gewesen sein. Dennoch kann ich wohl nichts begriffen haben, als Kästner schrieb:

»Wie ihr's euch träumt, wird Deutschland nicht erwachen,
denn ihr seid dumm und seid nicht auserwählt.
Die Zeit wird kommen, da man sich erzählt:
Mit diesen Leuten war kein Staat zu machen.«

Und ein paar trostlose Jahre später schämte ich mich bei Kästners Worten:

»Ihr seid das Volk, das nie auf seine Dichter hört.«

Mir ist der Jahrgang 1899 sehr vertraut. Mein Vater gehört dazu. Ich kenne diese aus vielen Enttäuschungen gewachsene Ironie so gut, diesen an dem Begreifen eigener Unzulänglichkeiten rankenden Witz, dieses Herz auf Taille.

Ich bedaure sehr, Kästner nie wirklich begegnet zu sein. Nur einmal saß ich ihm gegenüber, in einem Münchner Café Mitte der sechziger Jahre. Ich dachte: mein Gott, das ist ja der Kästner! Punkt. Ein durch seine Unergiebigkeit pointierter Vorfall, geeignet zur Ergänzung einer Sammlung der traurigen verpaßten Gelegenheiten.

Vorgestern wäre er 85 geworden, und wir vermissen ihn. Werden wir doch in verschwenderischer Fülle mit Ereignissen bedacht, die ohne ihre Verdichtung durch Kästner leider als nur halb so schön empfunden werden. Wer außer Kästner hätte ohne Rücksicht auf das stirnrunzelnde Urteil der literarischen Nachwelt unseren panischen Schrecken mit jener aberwitzigen Komik verbinden können, die ein Kennzeichen unserer Zeit geworden ist.

Zürich kurz nach dem Kriege. Kästner war einer Einladung des ortsansässigen PEN-Clubs gefolgt, bei dem es Sitte war, einen Gast und sein Werk mit einer kurzen Rede zu würdigen, bevor man ihn selbst zu Wort kommen ließ. Geeignet für diese Aufgabe war jeweils ein Dichterkollege, von dem man annehmen durfte, er sei mit der Person des Gastes und seiner Arbeit ausreichend vertraut. Im Falle Erich Kästners fiel die Wahl zur Überraschung des Gastes auf diesen selbst, mit der Begründung, er kenne sich wohl am besten.

Kästner erhob sich, und die Herren des Schweizer PEN-Clubs, die einer gültigen Kästnerschen Selbstanalyse gespannt entgegenhörten, vernahmen unter anderem die folgenden Denkwürdigkeiten eines Schriftstellers über sein Werk:

»Wie soll man dieses Durcheinander an Gattungen und Positionen zu einem geschmackvollen Strauße binden? Wenn man es versuchte, sähe das Ganze, fürchte ich, aus wie ein Gebinde aus Gänseblümchen, Orchideen, sauren Gurken, Schwertlilien, Makkaroni, Schnürsenkeln und Bleistiften.« Zitatende.

Nach der Rede und dem Abflauen des Applauses erhob Kästner sich erneut und bedankte sich in einer zweiten Rede für die sorgfältige und behutsame Würdigung, die ihm soeben zuteil geworden sei.

Trotz des Schweizer Tatortes beleuchtet dieses Ereignis ein sehr deutsches Problem: die Ratlosigkeit gegenüber einem Phänomen, das keine Aufschrift trägt. Was sagt man zu ihm, über ihn, zu ihr, über sie, über es? Ein Phänomen nach deutschem Geschmack ist schwarz, weiß oder rot. Schon grün will nicht gefallen, ist es doch gemischt. Ein Phänomen hat tief zu sein oder flach, nicht tief *und* flach, nicht heiß *und* kalt. Es braucht ein Etikett und einen Anfangsbuchstaben. P wie Paula, L wie Lyrik, S wie Satire, sonst funktioniert da was mit der Ablage nicht.

Das Ärgerliche an Kästner ist ja nicht die Lust, mit der er Denkmäler schändet, nicht die Sprayflasche, mit der er sich an öffentlichen Gebäuden vergeht, nicht der Zorn, nicht die Scham und nicht die Trauer über das beschmutzte Nest. Nein, das Ärgerliche an Kästner ist sein Humor. Oder was soll man von einem Dichter halten, der für die Todessehnsucht depressiver Großstädter Verse findet, die er durch eine ungenaue Zahlenangabe ihres Ernstes beraubt:

»Wenn eine Straßenbahn vorüberfegte,
kann es passieren, daß man sich höchst wundert,
warum man sich nicht einfach drunterlegte.
Und solche Fälle gibt es über hundert.«

Ich bewundere vieles bei Kästner, aber hierfür liebe ich ihn.

Fast bin ich versucht, mich nun in Ausführungen zu versteigen über die Bedeutung des komischen Elementes in der ernsten Literatur, die in der Klage gipfeln, man habe in fahrlässiger Unterschätzung des Humors als solchem Erich Kästner und – in gebotenem schicklichem Abstand – auch mir noch nicht die richtigen Plätze zwischen Lessing und Walther von der Vogelweide angewiesen. Nicht, daß ich es für unangemessen hielte, aber heute paßt es einfach schlecht.

Dennoch muß ich in diesem Zusammenhang und mit gewissem Erstaunen einen Staatsmann zitieren, dessen Bildung und schöngeistiger Charme ganz außer Zweifel steht. Er schrieb vor 25 Jahren zum 60. Geburtstag an Kästner: »Es hat den Deutschen geschadet, daß man Sie in Ihrem Vaterland so oft als den ›Humoristen‹ gesehen hat – wenn auch als einen durch Melancholie geadelten – und nicht als den Moralisten, der Sie sind.«

Gewiß, Kästner ist ein Moralist, und Witz ohne Moral mag seine Schattenseiten haben. Aber eines ist sicher: Moral ohne Witz ist auch dann noch unerträglich, wenn sie durch Melancholie geadelt sein sollte.

Ich freue mich von Herzen über einen Preis, dessen Bedeutung vor allem in der Ehrung dessen liegt, der ihm seinen Namen gegeben hat: Erich Kästner.

Das neue Landratsamt

Eine Einweihung in Starnberg
5. Mai 1987

Meine sehr verehrten Damen und Herren,

wir sind Zeugen eines Phänomens. Was uns noch vor kurzem fesselte – die Beziehungen zwischen Ost und West etwa, ein Kapitalverbrechen im Freundeskreis, das drohende Ende der Menschheit und Ähnliches –, es hat alles an Glanz verloren oder erscheint doch seltsam blaß vor dem Hintergrund eines Ereignisses, das plötzlich und unerwartet eingetroffen ist: Starnberg hat ein neues Landratsamt.

Bevor ich jedoch in das gemeinsame Frohlocken einstimme, möchte ich mit gebotenem Ernst auf einen Umstand hinweisen, der geeignet sein könnte, den Festakt politisch zu belasten:

Ich bin – ich sage das in aller Offenheit – im Landkreis Bad Tölz-Wolfratshausen ansässig, und auch das erst seit vierundzwanzig Jahren. Es erhebt sich somit die Frage, ob ein Ortsfremder mit unsteter Wohnweise, ein Tourist also, im Rahmen einer so extrem bodenständigen Feierstunde, wie es die Einweihung eines Landratsamtes nun einmal ist, das Wort ergreifen sollte. Auch kommt erschwerend hinzu, daß ich infolge der Ungnade meiner nördlichen Geburt die hiesige Landessprache nicht beherrsche. Kurz, ich bin auf Ihr Wohlwollen gegenüber Auswärtigen angewiesen.

Als Gegenleistung werde ich langsam sprechen und

keine Fremdwörter verwenden, die uns nicht auch aus der bayerischen Presse vertraut sind.

Bevor wir das Bauwerk selbst näherer Betrachtung unterziehen, lohnt ein Blick auf die Geschichte dieser Stadt.

Als früheste menschliche Ansiedlung ist die Praxis eines Hals-Nasen-Ohren-Arztes nachgewiesen. Neben der einfachen Feuerstelle mit Gebirgsblick fanden sich Faustkeile unterschiedlicher Größe, die der kunstfertigen Behandlung von Mittelohr und Kehlkopf dienten. Der Patientenkreis setzte sich größtenteils aus Sängern und Schauspielern zusammen, denen hier medizinische und psychologische Hilfe zuteil wurde. Bald scheuten viele dieser auf ihre Stimme angewiesenen Zugvögel die weite Anreise. Sie ließen sich nieder und gaben der Anhöhe ihren Namen: Starenberg.

Schon wenige tausend Jahre später fand das erste Bezirksamt unterhalb des heutigen Bahnhofs in einer zwar geräumigen, aber baufälligen Badehütte Platz. Diese löste sich jedoch zu wiederholten Malen bei Nordwestwind vom Ufer und wurde erst nach mehrstündiger Fahrt über den aufgewühlten See zwischen Holzhausen und Sankt Heinrich an Land gespült. Auf die Dauer empfand man diesen Zustand als nicht zufriedenstellend, da die jeweilige Rückgabe des Gebäudes auf dem Dienstweg und der damit verbundene Schriftverkehr die zur Verfügung stehende Bürozeit zur Gänze in Anspruch nahm.

Aber erst im Jahre 1902 war es dann soweit: das Bezirksamt erhielt am Vogelanger ein eigenes, schmuckes Gebäude, das mit seinen humanen Arbeitsbedingungen weit in die Zukunft wies.

So wurden Räume, die für Damen und Herren gesondert zu kurzfristiger Inanspruchnahme vorgesehen waren, durch Einlagerung von Aktenmaterial in die Verwaltungsarbeit einbezogen und dafür die Nutzung entsprechender Räumlichkeiten im nur 6 Gehminuten entfernten Bahnhof vertraglich abgesichert. Die dadurch erforderliche tägliche Bewegung hatte sowohl eine Leistungssteigerung des Beamtenapparates als auch eine deutliche Belebung der Ortsmitte zur Folge. Ein frühes Beispiel der an glücklichen Entscheidungen reichen Starnberger Kommunalgeschichte.

Leider erwies sich schon während des 2. Weltkrieges das Dienstgebäude als zu klein, und bis zum Jahre 1972 war das Landratsamt auf zehn ausgelagerte Dienststellen verteilt. In diesem Zusammenhang sei jenen Starnberger Familien gedankt, die trotz eigener beschränkter Wohnverhältnisse zusammenrückten, um ihrer Kreisverwaltung die notwendigen Räume zur Verfügung zu stellen.

Nur ein Beispiel – stellvertretend für viele – sei hier dankbar erwähnt. Das Rentnerehepaar Rudolf und Sieglinde Straublinger, am Bahndamm 12, zog sich in den Wohnraum ihrer Zwei-Zimmer-Wohnung zurück, als das Amt für öffentliche Sicherheit und Ordnung im Schlafzimmer seine Arbeit aufnahm.

Am 10. März 1969 schien man der Lösung des Problems nahe. Der Kreistag beschloß die Errichtung eines neuen Landratsamtes in günstiger Nähe zum Kreiskrankenhaus und seinen sanitären Einrichtungen. Das Grundstück warf jedoch ein neues, unerwartetes Problem auf: Es lag im Bereich der Gemeinde Söcking. Da das Gesetz vorschreibt, den Landkreis nach dem Sitz des Landratsamtes zu benennen, hätte Starnberg in »Söcking« umbenannt werden müssen. Dies schien noch tragbar, wohingegen der Fremdenverkehrsverein auf die Bezeichnung »Söckinger See« sehr unfreundlich reagierte. Endgültig scheiterte das Vorhaben am erbitterten Widerstand der Gastronomie und ihrer Weigerung, »Söckinger Renken« in die Speisekarten aufzunehmen.

Weitere sechzehn Jahre gingen in den Landkreis bis zum ersten Spatenstich für ein Gebäude, das einzuweihen wir heute die Ehre und, wie ich meine, auch das Vergnügen haben.

Zunächst als Erweiterungsbau der benachbarten chinesischen Gaststätte mit Einliegerschwimmbad konzipiert, konnte das Bauwerk mit wenigen Handgriffen seiner heutigen Bestimmung angepaßt werden.

Um großzügige Parkflächen und eine leistungsfähige Kantine gruppieren sich Liegeräume mit günstigem Lichteinfall und Markisen gegen drohenden Sonnenbrand.

Reichgegliederte Anbauten beherbergen Hallenboccia und Massagezentrum für den Fall, daß eine Schlechtwetter-Periode die Nutzung der Minigolfanlage verbietet.

Den maßvollen Arbeitseinsatz der 280 Beamten und Mitarbeiter überwachen zwei hauseigene Amtsärzte zur Vermeidung vorzeitiger Verschleißerscheinungen.

Das Auffinden unseres neuen Landratsamtes ist auch für Ortsunkundige verhältnismäßig einfach: Wenn man Starnberg ostwärts verläßt, liegt es gleich rechts, nach der vierten Tankstelle, leicht zugänglich für jedermann. Aus Richtung München ist dagegen das Eindringen nur nach gewaltsamer Überwindung eines wasserführenden Wehrgrabens möglich.

Das ist vielleicht ein Zufall. Oder ist es der erste Schritt auf dem Wege Starnbergs in die Unabhängigkeit als gleichberechtigter Partner im westlichen Verteidigungsbündnis, bei aller Freundschaft mit Bayern und der Bundesrepublik? Wir wissen es nicht.

Zunächst wird in dieses anmutige Haus der Alltag einkehren mit seinem gewohnten Aufgabenbereich: Aufschüttung und Begrünung des Starnberger Sees, Eröffnung der Sommerfestspiele im Undosabad mit dem *Ring des Nibelungen* und was der Dinge mehr sind.

Dem neuen Amtsgebäude, dem darin enthaltenen Herrn Landrat und seinen 280 Mitarbeitern gelten unsere herzlichen Glückwünsche!

Willem Grimm

Meinem Lehrer zum 80. Geburtstag
Freie Akademie Hamburg, 25. Mai 1984

Hochverehrter, lieber Professor Willem Grimm,
meine sehr verehrten Damen und Herren,

je älter wir werden, desto neugieriger betrachten wir unsere Vergangenheit, desto verwunderter vergleichen wir Zeiten und Räume.

Vieles haben wir verdrängt in eine Art privater Schadstoffdeponie, manches ist abrufbar und dient einem meist amüsierten Blick auf die durcheilten Jahre, und nur ganz wenige Erinnerungen sind immer griffbereit, immer in Benutzung und verlieren nichts von ihrem Glanz. Von einer solchen soll hier die Rede sein. Sie heißt: Willem Grimm.

Im Herbst 1947 waren von meiner heroischen Vergangenheit 6 Paar Socken und einige feldgraue Kleidungsstücke übriggeblieben, die der Verewigung eines vormals großdeutschen Reiches gedient, dieses jedoch überlebt hatten. Sie befanden sich nun in einem Acht-Quadratmeter-Zimmer, das ich von einem Friseurehepaar gemietet hatte. Der den Wohnräumen angeschlossene Damen- und Herrensalon besaß infolge seiner geschäftsgünstigen Lage zwischen Zuchthaus, Nervenklinik und Friedhof einen verläßlichen Kundenkreis.

Ich war 23, und mein einziger, kostbarer Besitz, neben den Lebensmittelkarten, war die Zulassung zum Studium an der Landeskunstschule Hamburg. Die Grimm-Klasse wurde mein Zuhause, mit meinen Freunden und meinem Lehrer Willem Grimm. Das ist nun 37 Jahre her, und ich habe nie aufgehört, ihn zu bewundern.

Er brauchte keinen Auftritt, wenn er in die Klasse kam, er war einfach da. Er verschaffte sich keinen Respekt, er hatte ihn. Einmal in der Woche, ich glaube am Freitag, fand die sogenannte Korrektur statt. An diesem Tage hatten wir uns vollzählig in der Klasse einzufinden und befestigten mit Reißnägeln die Ergebnisse unserer zeichnerischen und malerischen Bemühungen an Stellwänden, um sie kritischer Betrachtung auszusetzen.

Jüngere Kunstschüler haben ein besonders fein entwikkeltes Gehör für Kritik. Das mag damit zusammenhängen, daß man dieses Studium ja nicht gewählt hätte, ohne sich, wenn schon nicht für genial, so doch für immens begabt zu halten. Willem Grimm hat die magische Fähigkeit, den Betroffenen fast gänzlich zu verschonen und dennoch eine schwache Stelle empfindlich aufzuspüren.

Ich hatte mich im Tierpark Hagenbeck dem Studium der Tierwelt gewidmet und unter anderem einen Papagei zu Papier gebracht. Eine nichtswürdige Federzeichnung mit leichter Hand in schwarzer Tusche. »Entzückend«, hätte meine Wirtin gesagt. Da hing das Blatt nun an der Wand. Willem Grimm verhielt den Schritt nur leicht, faßte den Papagei sekundenlang ins Auge und sagte im Weitergehen: »Ja, ja, mit dem Strich ist viel Geld zu verdienen . . .«

Da der Boden der Landeskunstschule sich nicht auftat, durchlitt ich den Augenblick in seiner ganzen Schande. Ich hatte meinen Lehrer verstanden und wohl mehr gelernt als sonst in einem ganzen Semester.

Wir lebten im zerstörten Hamburg, in einer vom Wiederaufbau und materiellem Gewinn faszinierten Umgebung. Aber wir blieben davon seltsam unberührt. Die linearen und malerischen Probleme eines Stillebens waren fesselnder als der Schwarze Markt.

Eines Morgens brachte Willem Grimm seinen Plattenspieler in die Klasse. Wir hörten Mozart, Bach und, wie ich glaube, Beethovensche Streichquartette. Willem Grimm genügte es nicht, uns eine gewisse Fertigkeit im Malen und Zeichnen zu vermitteln, als gäbe es nichts anderes auf der Welt.

Es gelang ihm, eine ständige, neugierige Aufregung wachzuhalten, Musik und Literatur wie selbstverständlich in das Ringen gegen eine unproportionierte Aktzeichnung, gegen die Tücken eines in Verwesung übergehenden Stillebens mit Fisch einzubeziehen.

Nun liegt der Verdacht nahe, im Laufe der Jahre habe sich die Gestalt meines Lehrers ganz unzulässig zu einer Art männlicher Marienerscheinung verklärt. So ist es jedoch nicht.

Zum einen steht Willem Grimm gesund und munter unter uns, in seiner ganzen, für mystische Erscheinungen untypischen Diesseitigkeit, zum andern war damals etwas, an das ich mich nur zähneknirschend erinnere, mich also von dem Verdacht der Schönfärberei befreit.

Um es kurz zu machen: Durch die genannten Eigenschaften des Professors wurde den weiblichen Schülern fast zur Gänze der Blick verstellt auf uns, ihre Mitschüler. Nur in zähem Einsatz konnten wir etwas von jener Zuwendung abzweigen, die ihm mühelos zufiel.

Nun sind 37 Jahre vergangen. Wir folgten dem Ruf der Kulturbehörde, der Freien und Hansestadt Hamburg, einer delikat gestalteten Einladung unter dem Geschäftszeichen K 43/32–080.5 G, um einen Mann zu ehren, der uns, seinen Schülern, den Respekt vor der rechteckigen, weißen Fläche mitgegeben hat und damit das Augenmaß für die Proportionen unseres Lebens.

Ich verneige mich vor unserem Lehrer Willem Grimm in Dankbarkeit und Liebe.

Weimar (DDR)

Eine Ausstellungseröffnung
9. März 1989

Sehr verehrter Herr Staatssekretär,
sehr verehrter Herr Oberbürgermeister,
meine sehr verehrten Damen und Herren
oder kürzer: liebe Freunde,

man hat im Leben nicht so oft das Gefühl, am richtigen Ort zu sein. Ich habe es jetzt.

Es hat 65 Jahre gedauert, und das ist kaum entschuldbar, bis ich Weimar zum ersten Mal mit eigenen Augen sehen konnte. Nun wird diese Begegnung für mich zu einem Ereignis, über das ich kaum reden kann, ohne Gefühle zu zeigen, die schlecht zu einem Humoristen passen.

Also verkneife ich mir das lieber und sage statt dessen einfach: Ich bin sehr glücklich, hier bei Ihnen in Weimar sein zu können.

Glück kommt meist nicht von alleine. So auch nicht in diesem Fall. Darum möchte ich mich von Herzen bei denen bedanken, die mir zu diesem Glück verholfen haben.

Da ist vor allem der Herr Staatssekretär Dr. Keller vom Ministerium für Kultur der DDR, Herr Dr. Guratzsch und das Wilhelm-Busch-Museum in Hannover, Herr Direktor Krauss und die Kunstsammlungen zu Weimar mit allen Helfern und Helferinnen.

Und Sie, meine Damen und Herren, die Sie gekommen sind. Ich nutze die Gelegenheit, Herrn Ministerialdirigent Staab, den ständigen Vertreter meines Ständigen Vertreters, herzlich zu begrüßen.

Als meine Frau und ich vorgestern am frühen Nachmittag die Stadt erreichten, führte uns der Weg auf den Theaterplatz, wo wir zunächst eine Weile in gebührender Andacht vor dem Marx-Engels-Denkmal verharrten, bis uns, durch das Fehlen der charakteristischen Barttracht beider Herren, die ersten Zweifel kamen.

Dann sahen wir auch schon, daß es sich hier nicht um führende Politiker, sondern vielmehr um die beiden bedeutendsten DDR-Schriftsteller handelte: Goethe und Schiller nämlich.

Wir waren noch etwas in Gedanken, und mir wurde gerade schmerzlich bewußt, wie wenig ich doch von Schiller noch auswendig zitieren kann, als mir ausgerechnet jener Stoßseufzer einfiel, der sich in der *Jungfrau von Orléans* findet: »Ach, es geschehen keine Wunder mehr!«

Hier irrt Schiller! Das Wunder ist geschehen: Die Ausstellung hängt, das Publikum sitzt und die Kataloge liegen bereit! Selten hat es mich so gefreut, daß sich die Prognosen eines großen Dichters als Irrtum erweisen.

Freuen wir uns also auf weitere Wunder.

Vielleicht wird mir eines Tages von den Weimarer Stadtvätern ein Gartenhäuschen an der Ilm zugewiesen, ich würde dort Gedichte schreiben, den *Faust* illustrieren und mich auf den Spuren Minister Goethes in die Landespolitik einarbeiten, wobei mir ein Schnellkurs in sozialistischer Aufbaupraxis willkommen wäre.

Von Zeitgenossen des Dichterfürsten ist überliefert, dieser habe im Alter viel geredet und sei schwer zu unterbrechen gewesen. Es bietet sich mir jetzt die Gelegenheit, mich vorteilhaft von Goethe zu unterscheiden. Die Ausstellung ist eröffnet . . .

Rostock (DDR)

Eine Ausstellungseröffnung
29. April 1989

Sehr verehrter Herr Staatssekretär,
sehr verehrter Herr Oberbürgermeister,
meine sehr verehrten Damen und Herren,

wenn man auf einer Karte des europäischen Kontinents die Städte Paris und Leningrad, Stockholm und Genf, Istanbul und Reykjavik, London und Moskau jeweils durch grade Linien verbindet, treffen sich diese in einem zentralen geographischen Punkt: in Rostock nämlich.

Das kann kein Zufall sein. Jedenfalls befinden wir uns in einer Stadt im Schnittpunkt der internationalen Aufmerksamkeit, die somit den idealen Standort für eine Ausstellung bietet.

Dennoch denke ich an dieser Stelle noch einmal dankbar an Goethe, Schiller und Herrn Direktor Krauss, von denen letzterer heute sogar leiblich unter uns ist und den ich herzlich begrüße. Die Kunsthalle in Weimar war die erste Station dieser Ausstellung in der DDR und wird mir unvergeßlich bleiben.

Nun sind wir in Rostock. Die Exponate haben das ganze Land von Süden nach Norden durcheilt, um sich ab heute dem wägenden Blick des Menschen von der Ostseeküste zu stellen. Der im Süden der DDR angesiedelte Bürger mutmaßt wahrscheinlich insgeheim, daß sich vor Rostocks Toren Pinguine in der Sonne räkeln und gelegentlich wohl auch ein Eisbär auf blanker Scholle durch den Überseehafen driftet, daß mithin also auch die menschlichen Umgangsformen eher kühl ausfielen.

Nun, dazu muß ich sagen, meine Frau und ich sind in Rostock so warm aufgenommen worden, daß ich für das Wohlbefinden der Eisbären fürchte. Auch haben wir auf unserer Fahrt durch dieses wunderschöne Land mehrere Dörfer mit dem Ortsschild »Bülow« angetroffen. Eine liebenswerte Geste der Bezirksverwaltung, wie ich vermute. Aber das wäre ja nun wirklich nicht nötig gewesen!

Vor vier Jahren begann ich meine Reise in die Vergangenheit, aus der unversehens bewegende Gegenwart wurde. Zuerst Brandenburg, die Stadt, in der ich geboren bin. Dann Berlin, Potsdam, Dresden, Weimar und nun Rostock mit seiner nahen und weiteren Umgebung, aus der meine Familie vor 800 Jahren aufbrach, um sich beängstigend zu vermehren. Ich darf hier an 4 Bülowsche Bischöfe allein in Schwerin erinnern, die allerdings im Hinblick auf die Vermehrung der Familie weniger wirksam waren.

Nun habe ich Ihnen, den Menschen, die heute in diesem Land leben, für vieles zu danken. Für Ihren so überaus herzlichen Empfang, für die Einladung zu dieser Ausstellung und für ein Gefühl, das gar nicht so selbstverständlich ist: das Gefühl, zu Hause zu sein.

Versuch über Joachim

Zum 60. Geburtstag des Kritikers Joachim Kaiser
Bayerische Akademie der Schönen Künste
München, 18. Dezember 1988

Meine sehr verehrten Damen und Herren,
liebes Geburtstagskind,

wenn ein Mensch das sechste Lebensjahrzehnt bewältigt hat und seine Bedeutung über die Gemeindegrenze des Geburtsortes hinausweist, darf er damit rechnen, daß die Öffentlichkeit seiner Leistungen gedenkt und ihn in angemessener Weise zu feiern wünscht.

Andrerseits ist es so gut wie niemals vorgekommen, daß die Kulturträger des Landes ihren verdienten Mitbürger in einer wirklich entscheidenden Phase seines Lebens, anläßlich seiner Geburt nämlich, in würdiger Form empfangen hätten.

Meines Wissens gibt es nur eine Ausnahme: Heute vor sechzig Jahren, am 18. Dezember 1928, wurde Joachim Kaiser im ostpreußischen Milken, Kreis Lötzen, geboren, und die Elite der zeitgenössischen Literatur und Musik huldigten dem Säugling in bis dahin unbekanntem Ausmaß.

So widmete Stefan Zweig dem jüngsten Milkener seine soeben erschienenen *Historischen Miniaturen* und gab ihnen im Hinblick auf die stattgehabte Entbindung den Titel *Sternstunden der Menschheit*.

Die Colette steuert den Roman *Tagesanbruch* bei, ein Werk von eher mittlerer Qualität.

Brecht und Weill konnten noch rechtzeitig Text und Partitur der *Dreigroschenoper* beenden. Die handgeschriebene Zueignung Brechts für den kleinen Joachim (»dem Guten, Wahren, Schönen . . .«) ist 1945 in den Kriegswirren verlorengegangen.

Leider nutzte Barlach das freudige Ereignis zur Selbstdarstellung. Er veröffentlichte seine Autobiographie *Ein selbsterzähltes Leben,* ohne darin Joachim Kaiser mit einem einzigen Wort zu erwähnen. Auch in Bindings *Erlebtes Leben* suchen wir vergeblich. Gewiß, der junge Kaiser war zu diesem Zeitpunkt erst wenige Wochen alt und hatte den immensen Umfang seiner kritischen Begabung noch nicht zur Gänze gezeigt, aber damit ist bei beiden Künstlern der mangelnde Blick für das Wesentliche nicht zu erklären. Sie sind – und damit wollen wir es bewenden lassen – wohl einfach überschätzt.

Als sehr viel weitsichtiger und dem Anlaß angemessen erwies sich der Beitrag von Wilhelm Lange-Eichbaum. *Genie, Irrsinn und Ruhm* hieß die sorgfältige Arbeit, die er dem Knaben zueignete.

Der junge Erich Kästner erschien mit seinem ersten Gedichtband, *Herz auf Taille.* Angestrichen hatte er die Zeilen: »Schlaf ein, mein Kind! Mein Kindchen, schlaf! Du hast nichts zu versäumen.« Das kam nicht gut an im Elternhaus.

Freundlicher aufgenommen wurde Paul Ernst. Er legte *Das Kaiserbuch* vor. Erst Jahre später bemerkte Vater Kaiser, der infolge seiner Tätigkeit als ostpreußischer Landarzt sein Leben zumeist von Wölfen verfolgt im Schlitten auf der gefrorenen Masurischen Seenplatte verbrachte und daher selten zum Lesen kam, daß es sich bei besagtem *Kaiserbuch* um ein zähes Versepos handelte mit keinerlei

Hinweisen auf die gleichnamige Arztfamilie und ihr Neugeborenes.

Als sehr unpassend wurde auch die Gabe von D. H. Lawrence empfunden. *Lady Chatterley's Lover* gehöre nicht in die Hände eines Kleinkindes, auch wenn es für sein Alter ungewöhnlich entwickelt sei. Mutter Kaiser, die einer seit dem 17. Jahrhundert im Thüringischen ansässigen protestantischen Pastorenfamilie entstammte, nahm es dem Engländer ein Leben lang übel.

Als von bleibendem Wert eingestuft wurde dagegen Van de Veldes *Die vollkommene Ehe.* Leider hat der Jubilar erst kürzlich die Seiten aufgeschnitten und flüchtig hineingesehen.

Bleibt noch Alfred Polgar. Der Titel seines ansprechenden, in Halbleinen gebundenen Berichtes *Ich bin Zeuge* gab Rätsel auf. Glücklicherweise erwies sich die anfängliche Befürchtung des Elternpaares, es handle sich um einen Vaterschaftsnachweis, als Mißverständnis.

Auf der literarischen Seite ist übrigens auch ein Trauerfall zu beklagen: Als Hermann Sudermann von der bevorstehenden Geburt Joachim Kaisers erfuhr, war er sich über mögliche Folgen im klaren. Er verschied. Anlaß genug für Thomaskantor Straube, Bachs *Musikalisches Opfer* in Leipzig uraufzuführen.

Überflüssigerweise wurde eine Taktlosigkeit von Richard Strauss bekannt. Er soll im Freundeskreis geäußert haben, die soeben vollendete Partitur der *Ägyptischen Helena* sei ihm als Geschenk für einen Milkener Kritiker zu schade. Das hätte er nicht sagen sollen. 36 Jahre später schrieb Joachim Kaiser, ich zitiere: »Was überhaupt an der Opernform und an Opernaufführungen fragwürdig, verdächtig und peinlich scheint, trifft bei einer Darbietung der *Ägyptischen Helena* von Richard Strauss beklemmend zusammen.« Zitatende. Kein Wunder.

Ein letzter Blick auf das Jahr 1928 lehrt uns, daß Joachim Kaiser und Mickey Mouse fast gleichzeitig Geburtstag haben. Allerdings bleibt diese Tatsache ohne Kenntnis der Geburtsminute unergiebige Aszendentenspielerei, zumal sich weder charakterliche noch physiognomische Anhaltspunkte für eine nennenswerte Affinität ergeben.

Die erste Berührung des Knaben mit der Welt der Musik fällt in das Jahr 1931. Brahms und Bruckner, die beiden Kaltblüter des benachbarten Kleinbauern Rohle Buttgereit, waren durchgegangen und hatten den gepflegten Gemüsegarten von Mutter Kaiser heimgesucht. Rohle Buttgereit, ein gewandter Alphornbläser und Besitzer des einzigen Instrumentes dieser Art zwischen Pillkallen und Rastenburg, hatte sich daraufhin genötigt gesehen, der Geschädigten ein Ständchen zu bringen. Nach der Darbietung erhob sich Joachim und ließ den ersten zusammenhängenden Satz seines Lebens vernehmen. Er sagte: »Rohle, du hast die Sechzehntel ziemlich unsauber geblasen.« Noch am selben Abend schrieb der Zweieinhalbjährige ein Thema mit zwölf Variationen für Alphorn und Continuo in C-Dur, das dann später als Masurische Suite Opus I, Nr. I in das schmale Werkverzeichnis aufgenommen wurde.

In diesem Frühwerk, dessen XI. Variation wegen ihrer widerhaarigen doppelten Kontrapunktik im Prestissimo noch heute als unspielbar gilt, fällt die Nähe zum späten Mendelssohn auf, wenn man über eine gewisse Brahmssche Grifftechnik (wer denkt da nicht an das selten gespielte Oktett für Blockflöten und Harfe in fis-Moll des Hamburger Meisters!) hinwegzuhören bereit ist.

In den allgemeinen familiären Stolz mischte sich nur die Enttäuschung des Vaters, der gehofft hatte, seinen Sohn nach abgeschlossenem Medizinstudium zu einer rührigen Tätigkeit als Frauenarzt der Gemeinde Milken, Kreis Lötzen und Umgebung, überreden zu können. Er mußte einsehen, daß die Begabung Joachims nicht in diese Richtung wies. Aber noch konnte niemand ahnen, daß dieser Mitte der siebziger Jahre rund 32 Klaviersonaten Beethovens der Vergessenheit entreißen werde.

Zunächst unterzog der heranwachsende Joachim mit Hilfe seiner ebenso reinen wie praktischen Vernunft das Wirken eines anderen großen Sohnes Ostpreußens einer kritischen Betrachtung. Immanuel Kant hatte zeitlebens seinen Geburtsort Königsberg nicht verlassen und blieb infolgedessen – beispielsweise in München – nahezu unbekannt. Diesen Fehler gedachte Joachim Kaiser nicht zu wiederholen und beraubte somit die Gemeinde Milken ihrer einzigen touristischen Attraktion.

Leider bemerkte die Familie Kaiser in der Aufbruchseile vor dem Einmarsch der Roten Armee zu spät, daß man zwar eine ausreichende Portion frischer Flußkrebse mitgenommen, das Klavier jedoch versehentlich zurückgelassen hatte. Die Folgen sind bekannt. Joachim Kaiser beendete die kaum begonnene Ausbildung zum freischaffenden Pianisten und widmete sich dem Verzehr von Flußkrebsen.

Zwischen den Mahlzeiten ergaben sich Freiräume für philosophische und musikwissenschaftliche Studien, die der musischen Abrundung einer erfreulich kulinarischen

Weltsicht dienten, an der seine Freunde nun schon seit Jahren teilhaben dürfen. So lasen wir am 6. Mai 1985:

»Der Mezzo-Voce-Beginn des langsamen Haydn-Largos erklang wunderschön zart, während der Gesamteindruck zu weichlich geriet.« Ähnliches formulierte er neulich beim Verzehr einer geräucherten Entenbrust.

Wir waren zu zweit und nahmen einen leichten Bordeaux in Achteltriolen. Bei der Durchführung des Hauptganges bis zum Aufleuchten des Dolce-Themas im Finale enttäuschte leider die hemiolische Kontrastrhythmik ... (Also 2 gegen 3 im sehr langsamen Tempo; später durch Sechzehntelsextolen ergänzt und überhaupt nicht verunklärt, wie man weiß ...)

Erst durch die Zugabe, ein Quarksoufflé, das wir trotz zwanzigminütiger Zubereitungsdauer viermal bestellten, wurde es dann noch ein großer Abend.

Lieber Joachim, gewiß denkst du manchmal zurück an deinen Spaziergang mit Adorno vor über dreißig Jahren. Du berichtetest mit Sachkenntnis und sympathischer Begeisterung von einem Platzkonzert des hessischen Trachtenvereins Oberursel, dessen renommierte Blaskapelle ein Opernpotpourri zu Gehör gebracht hatte. Da sagte Adorno sein häufig zitiertes Wort »Jaja, die Musik« – und du wußtest, welchen Weg du zu gehen hattest. Alles Weitere ist bekannt.

Nun hindert mich eine gewisse Genanz, die uns nördlich Geborene verbindet, Dir alles das zu sagen, was mich an diesem, an Deinem Tage bewegt. Nur soviel: Ich werde nicht müde, Dir zuzuhören. Du bist einer von den wenigen, die ich gern in meiner Nähe wüßte, wenn unser Planet ganz unerwartet detonierte. Du würdest, mit verschränkten Armen lauschend, den Kopf zunächst zurück-, dann schräg nach vorn geneigt, die Spontaneität der rauschhaften 64stel durchaus als Gewinn betrachten, den e-Moll-Gedanken im Es-Dur-Kosmos aber eben doch vermissen, zumal die erhofften Presto-Träume trotz ungewöhnlich groß angelegter Durchführung leider nicht stattgefunden hätten. Schöne Momente also, aber kein Ereignis ... Ich wüßte nicht, was tröstlicher wäre ...

Sei umarmt, mein lieber Freund, vergiß die Zahl und genieße den Tag. Es ist ein schöner Moment ... und ein Ereignis!

Was ist Film?

Bayerischer Filmpreis
Cuvilliés-Theater München, 20. Januar 1989

Sehr verehrter Herr Ministerpräsident,
sehr verehrter Herr Staatsminister,
meine sehr verehrten Damen und Herren,

wenn in einer Gruppe – beispielsweise von Filmpreisträgern – sich niemand für eine gewisse heikle Aufgabe freiwillig meldet, trifft es einfachheitshalber den Jüngsten, den Jungfilmer. Also traf es mich ... und ich habe nun ... wenn mich nicht alles täuscht, die ... ähm ... die Ehre.

Ich bin beauftragt, unseren Dank in Worte zu fassen, den Dank an den Herrn Ministerpräsidenten, an das Bayerische Staatsministerium für Wissenschaft und Kunst und an die Jury, im besonderen an Rosel Zech und Eberhard Hauff, für die Verleihung des Bayerischen Filmpreises 1988.

Nicht nur unser Dank, auch unsere Freude ist beträchtlich ... und wir wollen sicherheitshalber nicht die Frage aufwerfen, ob wir dieser großzügigen Auszeichnung auch würdig seien. Die Gefahr, die Jury könnte es sich vielleicht doch noch anders überlegen, ist einfach zu groß.

Auf der Suche nach einem Thema, das sich meinen Ausführungen im Rahmen dieser festlichen Preisverleihung sinnvoll einfügt, stieß ich unvermutet auf den Begriff »Film«.

Was ist Film? Zunächst bedeutet »Film« die Möglichkeit, 24 Bilder in einer Sekunde zu betrachten. Das sind 86 400

Bilder pro Stunde! Also rund 130 000 Bilder bei Spielfilmlänge.

Und wenn der Bundesbürger im Jahr 35 Kinovorstellungen besuchte, hätte er in diesem Zeitraum 4 550 000 Bilder gesehen. Auch der routinierteste Betrachter von Bildergalerien, Bilderbüchern, Illustrierten, Zeitschriften, Photoalben und Ansichtspostkarten kann da kaum mithalten. Hier liegt die ungeheure Bedeutung des Mediums »Film« für unsere schnellebige Zeit.

Der kleine Bruder des Films, das sogenannte Fernsehen, darf in diesem Zusammenhang unerwähnt bleiben. Es kämpft noch um einen festen Platz in der Medienvielfalt. Allerdings stellen wir nicht ohne Bestürzung fest, daß der heutige Abend von Fernsehkameras aufgezeichnet und verbreitet wird.

Versuchen wir, auf die Frage »Was ist Film?« eine weitere Antwort zu finden.

Wir sind es gewohnt, den Wert einer Sache – und damit auch ihre geistig-moralische Bedeutung – an ihren Kosten zu messen. So gesehen zählt der Film zu den kostbaren Kulturgütern unserer Zeit. Der Spielfilm, als künstlerischer Spiegel der Wirklichkeit, ist kostspieliger, also wertvoller als die Wirklichkeit. Er ist besonders wertvoll. Ein Beispiel mag hierfür genügen.

Um einen Festakt wie diesen filmisch überzeugend nachzuspielen, wäre man zunächst genötigt, den Innenraum dieses Theaters in den Bavaria-Filmstudios nachzubauen. Bei preisgünstiger Ausführung in Schaumstoff, Sperrholz und Preßpappe lägen die Kosten, einschließlich Studiomiete und Beleuchtung sowie späterem Wiederabbruch und umweltfreundlicher Vernichtung der Theaterattrappe, knapp über den Baukosten des Originalgebäudes.

Ähnlich verhält es sich mit Komparserie und Hauptdarstellern. Dieser Raum faßt 420 Damen und Herren in korrekter Abendgarderobe. Das bedeutet für 420 Komparsen Maßkleidung, geliehenen Schmuck, Orden und Ehrenzeichen, plus Gage und Sozialabgaben, wobei weltmännische Haltung und der Anschein intellektueller Konversation erst einstudiert werden müßten. Im Vergleich hierzu fällt die derzeitige Anwesenheit des Originalpublikums mit überwiegend eigener Garderobe finanziell so gut wie gar nicht ins Gewicht. Auch hinsichtlich der Hauptrollen ist ein Schauspieler mittlerer Qualität (bei freier Unterkunft und Verpflegung) pro Abend kostenintensiver als etwa der Herr Ministerpräsident persönlich.

Dies allein ist schon eindrucksvoll, und doch liegt – weit jenseits des berechenbaren materiellen Aufwands – die Erfüllung des Films in den Bereichen der Kunst. Oder besser: Die Erfüllung des ... der ... Lebenswirklichkeit im Film als Kunst ... also die *Kunst* des *Films*, des Ernstes Films ... erfüllt des *Lebens* ... des Ernstes Leben ... nein ... erfüllt in Wirklichkeit des Ernstes *Kunst* im Ernst des Films ... des Films ... im Ernstens Leben ... Leben ...

In diesem Sinne werden wir bemüht sein, das in uns gesetzte Vertrauen zu rechtfertigen.

Der Traum von kurzen Strümpfen

Ernst-Lubitsch-Preis
Gloria-Palast Berlin, 27. Januar 1989

Meine sehr verehrten Damen und Herren ...

... es ist gar nicht einfach, etwas zu sagen mit Lubitsch im Kopf und einem Kloß im Hals ...

Ich danke der Jury und dem Club der Filmjournalisten, Berlin, von Herzen für diese Auszeichnung, die mich sehr bewegt, weil sie eine Verbindung herstellt zwischen meiner Heimatstadt, die ich liebe, meiner Arbeit und diesem bewundernswerten Mann aus Berlin, der zur Filmlegende wurde und der durch die Verleihung dieses Preises an erster Stelle geehrt wird: Ernst Lubitsch.

The Love Parade, Liebesparade, hieß der erste Tonfilm, den Lubitsch im Jahre 1929 drehte. Ich hätte den Film damals gern gesehen. Als 6jähriger interessierte mich – wie heute – die künstlerische Darstellung lustbetonter Erwachsenenpaarung. Aber ich verpaßte das wichtige Frühwerk. Das war meine erste, leider frustrierende Erfahrung mit dem berühmten Lubitsch-Touch.

Erst im Herbst 1931 – ich war gerade acht geworden – hatte ich *das* Kinoerlebnis, das mir über die künstlerische Kraft des Films und seine Bedeutung als psychologische Lebenshilfe die Augen öffnete: Ich sah *Emil und die Detektive*.

In diesem Film trugen die mit mir fast gleichaltrigen jugendlichen Hauptdarsteller auch bei ungünstiger Witterung kurze Strümpfe. Ich selbst mußte lange graubraune Baumwollstrümpfe tragen, die oben nicht ganz in der kurzen Hose verschwanden, so daß eine unkleidsame, der Befestigung dienende Knopfschließe am unteren Ende eines Strumpfhalters sichtbar blieb. Dieser wiederum fand seinen Halt im Hüftbereich an einem nur mit fremder Hilfe auf dem Rücken knöpfbaren Leibchen. Ein damals verbreitetes Bekleidungsarrangement, unter dem ich seit Jahren litt.

Nun wurde ich überwältigt von der Erkenntnis, daß der Film einen Traum verwirklichen kann, dem sich das Leben verweigert: den Traum von kurzen Strümpfen. Und ich beschloß, mein Leben dem Film zu widmen.

Und schon 56 Jahre später war es soweit. Mein erster Spielfilm hatte Premiere.

Dennoch stimmt es mich nachdenklich, daß Lubitsch in 55 Jahren 65 Filme gedreht hat und ich in 65 Jahren nur einen. Wenn ich in diesem Rhythmus weiterarbeite, fällt meine Reifezeit als Filmemacher so ungefähr in die zweite Hälfte des 6. Jahrtausends unserer Zeitrechnung.

Allerdings war ich schon bei *Ödipussi* bemüht, durch unmäßigen Rohfilmverbrauch den Eindruck zu erwecken, als seien mindestens ein halbes Dutzend abendfüllender Spielfilme in Arbeit.

Von den 40000 verdrehten Metern genügten dann 2800, um die Beziehung zwischen Paul Winkelmann und seiner Mutter nachhaltig zu stören.

An dieser Stelle möchte ich voller Dankbarkeit an die beispiellose Geduld und den zuversichtlichen Einsatz meiner Mitarbeiter und Schauspieler erinnern, ohne die ich aufgeschmissen gewesen wäre auf dem schweren Weg zu einer leichten Komödie.

Die Verleihung eines Preises erfüllt neben der Ehrung einen wichtigen Auftrag: den Preisträger anzuspornen, wenn nicht zu verpflichten, in Zukunft über sich hinauszuwachsen.

Und dazu gehört – darauf muß hier und heute einmal nachdrücklich hingewiesen werden – auch die tägliche Arbeit der Presse, die unbestechliche, ja unbequeme Kritik, die nichts verschweigt.

Natürlich hat eine Kritik, die nicht vor Begeisterung überschäumt, beim filmschaffenden Künstler Folgen, wie Appetitlosigkeit, Trunksucht, Schlafstörungen und Haarausfall sowie Apathie, Mordlust, Schluckauf und anderes.

Aber welcher Filmemacher ließe andrerseits nicht mit Freuden seine Gesundheit fahren für die Gelegenheit, mit dem Geld andrer Leute einen Film zu machen, der möglicherweise nur seine derzeitige Lebensgefährtin interessiert.

In einem Brief an den Filmkritiker Herman G. Weinberg vom 10. Juli 1947 schrieb Ernst Lubitsch – und damit fällt es mir leicht, zu schließen:

»Wenn Sie mit meinen Anmerkungen nicht einverstanden sind, werfen Sie sie in den Papierkorb ...«

90 Jahre Prinzregententheater

München, 27. Juli 1991

Meine sehr verehrten Damen und Herren ...

Prinzregententheater ... Schon der Name des berühmten Münchner Hauses kennzeichnet seine herausragende Bedeutung. Kein Volkstheater für das Volk, kein Theater der Jugend, kein Nationaltheater für die Nation ... nein: ein Prinzregententheater. Leider stellte sich schon bei der Eröffnung im Jahre 1901 heraus, daß sämtliche seinerzeit vorhandenen Prinzregenten nicht ausreichten, um die 1200 Plätze des Hauses allabendlich zu füllen. Die Tatsache, daß schon vor neunzig Jahren Fehlplanungen großen Stils an der Tagesordnung waren, hat etwas Beruhigendes.

Wir machen einen Sprung über sechzig Jahre:

Das Haus liegt brach. Mit dem Angebot, das ehrwürdige Gebäude einem nahegelegenen Delikatessengeschäft als Austernstüberl anzugliedern, mochten die Behörden sich vorerst nicht befreunden. Da gedachten sie des Prinzregenten ... (Das war inzwischen nicht mehr Luitpold, sondern August*.) Man besann sich seiner leisen, unauffälligen Art, seiner bekannten Vorliebe für soziale Einrichtungen im Bereich der Jugendarbeit ...

Und so entstand ein Abenteuerspielplatz ... eben das, was ein Musiktheater eigentlich ist.

Herzlichen Glückwunsch!

* Generalintendant August Everding

ABLeDEFG

Kulturpreis der Champagnerfirma Abelé
im Tantris, München, 3. Juni 1989

Es ist schon erstaunlich, wie viele bedeutende Menschen des gehobenen kulturellen Lebens sich einfinden, wenn sie sicher sein dürfen, eine warme Mahlzeit zu erhalten.

In meiner Schulzeit hatte mein Vater mir für jede fehlerfreie Arbeit in den Fächern Griechisch und Mathematik ein Glas Champagner in Aussicht gestellt. Ich bin infolgedessen völlig ohne Champagner aufgewachsen.

Die Tatsache, daß mir ein halbes Jahrhundert später von einem honorigen französischen Haus ein so schöner Preis verliehen wird, heilt eine alte Wunde, aber das darf mich nicht dazu verleiten, Lobendes über ein Produkt zu sagen, ohne es geprüft zu haben. Nun, das Produkt wurde von berufener Seite längst geprüft, und ich habe die Freude, Ihnen das Ergebnis mitzuteilen.

Im Rahmen einer umfangreichen Testreihe durch das staatliche Institut für Nahrungsmittel- und Gesundheitspflege wurden zunächst einige Exemplare der sogenannten gemeinen Wühlmaus nach einer oral verabfolgten Dosis Abelé-Champagners auf einen 300jährigen englischen Golfrasen zwischen Thrumpton Castle und Northcothelston Hall angesetzt.

Die Tiere unterwühlten das Gelände in knapp elf Stunden und erreichten das 18. Loch somit sechseinhalb Minuten eher als eine Wühlmausgruppe mit der gleichen Dosis eines anderen französischen Spitzenchampagners, dessen Namen wir nicht nennen wollen.

Die für den Test verpflichteten Tiere nahmen dann mehrere Monate eine vertretbare tägliche Menge Abelé-Champagners zu sich und erwiesen sich binnen kurzem ihren Betreuern in körperlicher und geistiger Hinsicht deutlich überlegen.

Ähnliche Ergebnisse sind im gesamten Prüfungsbereich für Markenchampagner noch nie erreicht worden.

Interessant sind Versuche, die am Menschen unternommen wurden.

Ein Bundestagsabgeordneter der SPD bezeichnete nach einem Glas Abelé-Champagner die derzeitige Bundesregierung als ganz passabel. Schon nach zwei Gläsern schloß sich ein CSU-Mitglied dieser Meinung an. Hier liegen die noch weitgehend ungenutzten Möglichkeiten des Hauses Henri Abelé, auf das politische Leben in der Bundesrepublik einzuwirken, und natürlich eröffnen sich nicht zuletzt in den Bereichen Kunst und Kreativität neue Wege für eine ebenso unauffällige wie segensreiche Einflußnahme.

Ein Beispiel mag genügen:

Mein Freund, der Literatur- und Musikkritiker Joachim Kaiser – er ist heute abend wegen eines Fernsehauftrittes leider verhindert und bedauert besonders, am Essen nicht teilnehmen zu können, läßt aber herzlich grüßen – Joachim Kaiser also erfrischte sich kürzlich vor einem Konzert im Münchner Kulturzentrum mit einem Gläschen ebenjenes Champagners, den es heute zu feiern gilt. Bei einer anschließend leider zu Gehör gebrachten dreistündigen Sonate für 6 Blockflöten, Sopran, Horn und Klavier applaudierte Professor Kaiser dann schon während des ersten Satzes.

Eine neue, entspannte Beziehung zwischen Kunst und Kritik scheint auf Champagnerbasis in greifbare Nähe gerückt.

Im übrigen gelang es durch einen eindrucksvollen Versuch, Proteste aus ökologisch-alternativen Kreisen zu entkräften:

Nach dem gleichzeitigen Entkorken von 10 000 Flaschen Abelé, Le Sourire de Reims, in der Wüste von Nevada am 6. März 1988 hat sich das Ozonloch nachweislich nicht erweitert.

Meine Damen und Herren, das sind Dimensionen, die uns ehrfürchtig stimmen, die an das Große rühren.

Auf drei Fundamenten ruht unsere Welt der Wissenschaft und Kunst: auf den Ziffern von 0 bis 9, auf den Tonleitern und auf dem Alphabet. Aber ebendieses, das Wichtigste, muß nun neu geschrieben werden: A B L e D E F G!

Es blieb dem ehrwürdigen Hause Abelé vorbehalten, einen Preis zu stiften, der sich von allen anderen Kulturpreisen folgerichtig unterscheidet: Er soll und wird dem Gepriesenen zu Kopfe steigen.

Karikatur – Europäische Künstler der Gegenwart

Wilhelm-Busch-Museum Hannover
3. November 1991

Meine sehr verehrten Damen und Herren,

Karikatur – Europäische Künstler der Gegenwart.

Da mir aus dem Saal eine gewisse Unlust entgegenschlägt, über Geschichte und Aufgabe der Karikatur eingehend belehrt zu werden, beschränke ich mich auf die Bitte, dieses Wort nach der ersten Silbe mit nur einem »r« zu schreiben.

Bleibt die Unterzeile »Europäische Künstler der Gegenwart«. Drei Begriffe von kolossalem Gewicht. Europa, Kunst und Gegenwart. Und das beste: Schon jeder für sich allein macht schlechte Laune. Nur der Karikaturist frohlockt!

Ein bedenklicher Vorgang. Menschen mit dieser Tätigkeit haben offensichtlich einen Schaden. Sie nähern sich lustvoll dem Verhängnis. Darin ähneln sie Motorradfahrern und Politikern. Der Vergleich hinkt nur insofern, als der Karikaturist im Gegensatz zu den Letztgenannten nirgendwo ein gutes Ende sieht und das Ganze auch noch komisch findet.

Die zuweilen zitierte Moral des satirischen Künstlers darf daher angezweifelt werden, zumal er für seine Tätigkeit auch noch Geld nimmt.

Wer trotz derartiger Bedenken die Arbeiten dieses Berufsstandes öffentlich ausstellt, macht sich einerseits mitschuldig, verdient aber andrerseits unseren Dank, den ich nun herzlich und im Namen aller Karikaturisten an den Direktor des Wilhelm-Busch-Museums, Herrn Dr. Guratzsch, und an seine Mitarbeiter richte.

Der Museumsbesucher sollte sich übrigens nicht darauf versteifen, in der mit Fleiß gehängten Ausstellung einen bestimmten Zeichner zu finden, da die 62 Künstler aus 22 Ländern mit ihren 308 Arbeiten ganz bewußt weder nach dem Alphabet noch nach Ländern geordnet sind. Karikaturen wollen ja eben jede Ordnung in Frage stellen. Das ist geglückt.

Die meisten Blätter sind, wie ich glaube, aus dem Prado, dem Louvre, dem Vatikan, den Uffizien, der Eremitage und anderen namhaften Häusern mit Polizeischutz nach Hannover gebracht worden, hängen nun hier unter Starkstrom, und es wird möglicherweise gebeten, Rucksäcke und Handtaschen an der Garderobe abzugeben. Das wirft eine interessante Frage auf: Sind Karikaturen Kunst?

Auf der Suche nach kompetenten Meinungen stieß ich auf das folgende Zitat: »Es gehört durchaus eine gewisse Verschrobenheit dazu, um sich gern mit Karikaturen und Zerrbildern abzugeben.« Zitatende ... Es stammt von Goethe, einem Schriftsteller, den ich noch bis vor kurzem für bedeutend gehalten habe. Schade ...

Vielleicht sollten wir die Frage anders stellen. Wodurch unterscheiden sich bildende Künstler von Karikaturisten? Die Antwort ist überraschend eindeutig: Maler schneiden sich gelegentlich ein Ohr ab. Karikaturisten nicht. Sie nehmen sich für diese Dinge keine Zeit, und das spricht gegen sie. Sie arbeiten zu überstürzt, um das Große in den Griff zu kriegen, das wirklich Große in Ausdruck, Form und

Farbe, das Ewige und Einsame ... oder das Neue, das nie Dagewesene.

Ein Karikaturist ist nicht einmal bereit, seine Verlobte in Marmor zu meißeln oder aus Eisenbahnschienen ein gefälliges Monument für das städtische Altenheim zu schweißen.

Ein so hohes Maß an Selbstanklage berechtigt nun zu einem kritischen Blick in die Welt der bildenden Kunst. Und da meldet sich sehr schnell der bange Zweifel, ob eines der wenigen Kennzeichen, durch das sich der Mensch vorteilhaft vom Tier abhebt, sein Sinn für Ironie nämlich, gepaart mit dem Blick für das Komische, ob dieses wohltuende Merkmal der sonst sehr zu Unrecht als »Homo sapiens« bezeichneten Gattung bei den malenden Künstlern bisher die gebührende Beachtung fand.

Nach eingehender Prüfung muß das Ergebnis bestürzen. Wie man es auch dreht und wendet: Leibl, Munch und Nolde sind nicht komisch. Kein Hauch von Ironie auch bei Tizian, Dürer, Tintoretto, ja selbst Raffael hat an der bescheidensten komischen Wirkung hoffnungslos vorbeigepinselt! Und das sind keine Einzelfälle. Gewiß, Goya war auf dem richtigen Wege, und mit dem *Raub der Töchter des Leukippos*, diesem Gewurstel aus Rössern, Reitern und Matronen, wäre Rubens fast ein Werk der Hochkomik geglückt. Aber leider blieben beide im Ansatz stecken. Wo darf da noch von Kunst die Rede sein? Eine allseits traurige Bilanz. Man hätte nicht vergleichen dürfen.

Stellen wir die Frage neu: Was kann eine Karikatur bewirken? Und hierauf gibt der bekannte Hamburger Kunstmaler Philipp Otto Runge uns eine Antwort, die Hoffnung macht, die uns die Zweifel an der Arbeit nimmt, die der

Karikatur ihren festen Platz in der Kunstgeschichte einräumt. Runge erzählt, er habe gelegentlich eines Aufenthaltes in Kopenhagen zwei Männer karikiert, die später, von der Polizei gesucht, anhand seiner Zeichnung ausfindig gemacht werden konnten. Wenn das keine Kunst ist!

Es gab Zeiten, in denen Karikaturisten durch ihre bizarren Zukunftsvisionen die Öffentlichkeit in wohltätiges Erschrecken oder ungläubiges Staunen versetzen konnten. Das ist vorbei. Unsere Welt hat nicht geruht und nicht gerastet, bis sie nun selbst als bittere Karikatur durch die Milchstraße kugelt. Das wäre also geschafft. Aber mal sehen, ob sich der Mensch noch sonstwo irgendwie nützlich machen kann. Was immer das auch sein mag: der Karikaturist ist bis zuletzt dabei!

Dieser beruhigende Ausblick kann nur noch gesteigert werden durch die Erinnerung an einen der Höhepunkte in der Geschichte der Karikatur.

Daumier wurde von seinen Zeitgenossen »Michelangelo der Karikatur« genannt und gegen Ende seines Lebens durch eine Ausstellung seines Werkes geehrt. Ein Augenzeuge dieses bedeutenden Ereignisses berichtet: »Vor den erdrückenden Schöpfungen irrten 30 demoralisierte und betrübte Besucher herum.«

Ich danke Ihnen.

Das Goldene Grammophon

Hotel Vier Jahreszeiten, Hamburg
12. November 1991

Meine sehr verehrten Damen und Herren,

wenn man so beschenkt und gelobt wird, hemmt das den Anfang einer Rede ungemein. Ich verweise auf *Die Meistersinger* und Hans Sachs, III. Aufzug, 5. Szene, Deutsche Grammophon, Bestell-Nummer 2740149: »Euch macht Ihr's leicht, mir macht Ihr's schwer.«

Meine Lage wird auch nicht rosiger, wenn ich nun gleich eingangs mein Verhältnis zur Literatur-Produktion der Deutschen Grammophon durch ein Geständnis stark belaste: Obwohl mir auf Anhieb kein Instrument einfällt, das sich freiwillig von mir spielen ließe, ist es eben doch die Musik, die mir von allen Künsten am nächsten steht. Die Verantwortung hierfür tragen ein Möbelstück in Eiche furniert und meine Großmutter am Klavier.

Quer durch die *Zauberflöte* über *Carmen* bis zur *Bohème* reichte das Repertoire der alten Dame, das ich, der Sechs- bis Zehnjährige, nahezu unermüdlich zu hören wünschte.

Bei dem Möbelstück in Eiche furniert, Baujahr 1929, handelte es sich um ein Grammophon im Hause meiner Eltern, ein deutsches Grammophon auf vier kurzen Beinen, etwa einen Meter hoch, mit Handkurbel und versenktem Schalltrichter. Letzteren konnte man durch eine Klapptür verschließen, um einen übermäßigen Austritt von Musik zu verhindern. Der untere Teil barg den Plattenvorrat, eine feine, wenn auch kleine Auswahl von meinem Vater bevorzugter männlicher Opernarien. Seit Anfang der dreißiger Jahre gehörten daher Caruso, Schaljapin und Gigli zu meinem täglichen Umgang. Die Folge war, daß mir »Che gelida manina« vertrauter wurde als jenes seinerzeit sehr populäre Gesangsstück für gemischten Chor und erhobene rechte Hand.

Ich bin unserem Grammophon sehr dankbar. Es verdrängte zwar die Unschuld häuslichen Musizierens aus unserer Familie, bot mir aber nun doch die Möglichkeit, instrumental am Musikleben teilzunehmen. Die Bajazzo-Arie beispielsweise entfaltete ihre volle dramatische Wucht erst, nachdem ich eine Nadel mit der Bezeichnung »Laut« in die Schalldose eingeschraubt und die Kurbel bedient hatte. Sinnvolle Tätigkeiten also, die Übung und eine ebenso kräftige wie sensible Hand erforderten, vergleichbar mit dem Spielen eines Musikinstrumentes.

Die technische Entwicklung der musikalischen Tonträger seit meinen Kindertagen gibt zu ernster Besorgnis Anlaß. Die Abspielgeräte von heute erlauben dem Menschen keine wirkliche künstlerische Mitarbeit. Lediglich ein paar armselige Knöpfe dürfen gedrückt oder gedreht werden. Eine unwürdige Art, an der Matthäuspassion mitzuwirken. In vielen Fällen verbietet eine Fernbedienung sogar den letzten handgreiflichen Kontakt mit dem Klangkörper. Kurz, man wird fast völlig auf das Hören zurückgeworfen. Ein beschämender Vorgang.

Was ist denn schon zu hören aus diesen unübersichtlichen Gerätschaften, die unsere Sitzgruppenlandschaft verschandeln? Die Wirklichkeit! ... Die unveränderte, nackte Wirklichkeit des zeitgenössischen Musiklebens in Stereo! Da denkt man in Wehmut an das Grammophon und eine Zeit, in der die Technik der Kunst noch diente!

Wer das kraftvolle Nadelrauschen aus der Rille einer Schellackplatte je gehört hat, kann es nicht vergessen. Aus diesem erregenden, bis dahin unbekannten Grundgeräusch lösten sich die Stimmen des Orchesters und der größten Sänger ihrer Zeit. Nicht in platter Naturnähe, sondern behutsam verfremdet, ihrer vulgären Körperlichkeit entkleidet. Gewissermaßen kunstvoll angequetscht, wobei feinste Partikel aus der Umluft des Tonträgers für ein unvergleichliches Knistern sorgten.

Und in welch musikalischer Vielfalt reagierte das Klanggefüge auf nachlassende Kurbelspannung! Durch alle Tempi und Tonarten abwärtsgleitend, zart ausklingend im tiefsten Baßbereich, wie kein Orchester der Welt es zu intonieren vermöchte, erhob es sich wieder mit der ersten Kurbeldrehung, um sich hinaufzuschwingen in jene Stimmung, von der aus es den Abstieg angetreten.

Das alles haben wir verloren. Kein mir bekannter Hund sitzt heute noch vor einer Hi-fi-Box, um der Stimme seines Herrn nachzulauschen.

Wenn ich nun ein goldenes Grammophon besitzen darf, bin ich mir der großen Ehre bewußt und werde nicht aufhören, ein Instrument zu bewundern, das im Handumdrehen die Welt verändert hat. Herzlich danke ich der Deutschen Grammophon Gesellschaft.

Für Horst

Zum 70. Geburtstag des Filmproduzenten
Horst Wendlandt
Berlin, 15. März 1992

Meine sehr verehrten Damen und Herren,

unser Geburtstagskind hat sich immer gern über Konventionen hinweggesetzt. So erschien es, für heute unvorstellbar, vor 70 Jahren völlig nackt und nahezu haarlos in der bis dahin unbescholtenen dörflichen Gemeinde Criewen, 8 Kilometer südwestlich von Schwedt an der Oder. Die anwesenden Haustiere, eine Kuh und vier Hühner, sollen erschreckt das Weite gesucht haben. Der Säugling erhielt den Namen Horst Gubanow nach seinem Vater Gregor Gubanow, einem Zugereisten aus dem russischen Smolensk.

Bis heute lag die Vorgeschichte zu diesem Ereignis in mystischem Dunkel. Nun ist es mir gelungen, den Schleier zu lüften. Allerdings war ich im Verlauf meiner Recherchen genötigt – teils mit der Bahn, teils im Auto, aber auch zu Fuß –, bis in die russisch-asiatische Steppe vorzustoßen.

Hier, am Rande Europas, zwischen Nowotscherkask und Uralsk bis hinauf nach Ulianowsk und vereinzelt auch in den hinter dem Ural gelegenen Ansiedlungen um Tscheljabinsk, Swerdlowsk und Tobolsk fiel die ältere Einwohnerschaft bei Nennung des Namens Gubanow auf die Knie und küßte in einer Mischung aus Verehrung und Entsetzen den Saum meines ausgefransten Burberrys.

Jahrhundertelang hatte dort der Boden gedröhnt, wenn

die Gubanows, eine Großfürstenfamilie mit zahllosen Vettern und Cousinen, auf kleinen wilden Pferden über die gefrorene Steppe rasten, um dem verhaßten Geschlecht der Romanows die Zarenkrone vom Kopf zu reißen.

Das mißlang, wie wir wissen. Ein Zar Horst I., Kaiser aller Reußen, ist bisher ein Wunschtraum geblieben. Sonst würden wir ja heute im Kreml feiern und nicht im Café Keese.

Horsts Vater, der letzte Gubanow, hatte mit dem für Steppenbewohner typischen Weitblick erkannt, daß sich der kolossale Betätigungsdrang seines Sohnes auf dem Gebiet der Filmwirtschaft nicht in der Enge Rußlands werde entfalten können, und war in die Uckermark ausgewandert.

Es muß von einem Ereignis gesprochen werden, das wie kaum ein anderes den Gewinn verdeutlicht, der durch frisches Blut aus dem Osten auf uns zukommt.

Allerdings war im Geschäftsleben der Uckermark seinerzeit ein russischer Name eher hinderlich. Vater Gregor und Mutter Auguste Gubanow vereinbarten daher mit Onkel Fritz Wendlandt, den kleinen Horst zu adoptieren, um so, mit Hilfe eines deutschen Namens, die Überführung der deutschen Filmwirtschaft in russische Hände unauffällig einzuleiten.

Schon bald rechtfertigte der zweijährige Knabe die in ihn gesetzten Hoffnungen überraschend eindeutig. War doch der einzige Partner, der ihn für längere Zeit zu fesseln vermochte, eine Zelluloidente.

Eines Tages geriet dieses Tier unter das linke Hinterrad eines Omnibusses, der zweimal täglich Criewen mit Schwedt verbindet, wodurch das Zelluloid eine überraschend platte, längliche Form annahm. In jenem Augenblick ahnte der kleine Horst, daß dieses Material mit seinem Leben untrennbar verbunden bleiben werde.

Dem heranwachsenden Jüngling war klar, daß ein zukünftiger Filmproduzent fundierte Kenntnisse vor allem im Lesen und Rechnen benötigt. Er entschloß sich daher, zur Schule zu gehen und sich diese Dinge anzueignen.

Seither sind mehr als sechzig Jahre ins Land gegangen, und immer noch beherrscht Horst Wendlandt beide Fertigkeiten meisterhaft. Es ist mir beispielsweise kaum möglich, ein Drehbuch so schnell zu schreiben, wie er es lesen kann.

Die entscheidende Ausbildung aber verdankt er einem westlichen Nachbarstaat. Im Jahre 1945 machte sich die französische Besatzungsmacht Gedanken über das berufliche Fortkommen des Kriegsgefangenen Horst Wendlandt und verfügte seinen Arbeitseinsatz in einem Kohlebergwerk. Das war der Durchbruch. Noch heute macht unser Geburtstagskind mehr Kohle, als die Franzosen für möglich hielten.

Im Frühsommer 1947 wilderte der junge Filmkaufmann im Gehölz des Oberförsters Winter. Als beim ersten Büchsenlicht Ilsegard, die blonde Tochter des Forstbeamten, ahnungslos auf die Lichtung trat, feuerte Horst aus allen Rohren.

Der Vorfall wurde lange im Forsthaus diskutiert. Schließlich durfte der Wilderer die Beute behalten und nahm sie zu sich. Das war unser aller Glück. Nicht auszudenken, was ohne Ille aus unserem Horst geworden wäre.

Nicht nur, daß sie ihm zwei blühende Kinder schenkte, sie nahm auch alle Pflichten auf sich, die bis zum heutigen Tage unsere Ehefrauen zu Heldinnen machen. Sie lehren den Gatten, gelegentlich das Hemd zu wechseln, vor dem Betreten des Bettes die Schuhe auszuziehen und anderes mehr. Auch ich gehe seit Jahren durch diese harte Schule.

Es ist nun an der Zeit, die eigentlichen, die wirklichen Qualitäten meines Freundes zu beleuchten, die so leicht verborgen bleiben hinter einem Wald von goldenen Leinwänden.

Da wären in erster Linie Hummerschwänze zu nennen, von Horst mit eigener Hand und einer halben Flasche Armagnac flambiert.

Diese kulinarische Spitzenkreation ist auch verkehrspolitisch nicht uninteressant: Noch 24 Stunden nach dem Essen ist das Lenken eines Kraftfahrzeuges auszuschließen. Deutschlands Meisterköche fielen in tiefe Depression, als es ihnen nicht gelang, etwas Ähnliches zu komponieren.

Mehr noch als der Koch setzte der Segler Wendlandt internationale Maßstäbe. Immer wenn sich herumspricht, daß er mit seiner Yacht »Aspasia Alpha« auf dem Mittelmeer kreuzt, suchen die Einheiten der 6. US-Flotte in panischer Eile den nächsten schützenden Hafen auf.

Hat dann die »Aspasia Alpha« angelegt und ihr Eigner spürt wieder festen Boden unter den Füßen, greift er zum Tennisschläger. Leider sind ihm bisher die derzeitigen Größen des weißen Sports unter den fadenscheinigsten Vorwänden aus dem Wege gegangen. Er gilt besonders nach einem Intensiv-Training im bayrischen Bad Kohlgrub als Favoritenkiller. Als Horst eine Begegnung mit Björn Borg nach 28 Minuten mit 6 : 1, 6 : 0, 6 : 1 für sich entschied, war niemand überrascht.

In der kühlen Jahreszeit tauscht er die Tennisschläger gegen Auktionskataloge. Seine Sammlung deutscher Expressionisten hat zwischen Kohlhasenbrück und Krumme Lanke nicht ihresgleichen.

Dort im Haus am Wannsee, bevor Ille die Gäste durch ihre exquisite Küche verwöhnt, erweist sich der Gastgeber als glänzender Unterhalter. Man braucht nur ein kleines, stets bereitliegendes Bällchen den Steilhang zum See hinunterzuwerfen, schon saust unser Horst jauchzend in die Tiefe, fängt es im Lauf weit unten zwischen den Zähnen, bringt es im Galopp wieder herauf und legt es den nächsten Gästen erwartungsvoll vor die Füße. So geht es unermüdlich hinunter und herauf, bis Ille zum Essen ruft.

Das ist der Geist, der einen erfolgreichen Filmproduzenten beseelt! Aber es kann auch sein, daß ich da was durcheinandergebracht habe, und es war doch Ossi, der Jack-Russel-Terrier. Auch nicht schlecht!

Nun habe ich so ein dummes Gefühl, als hätte ich am Thema vorbeigeredet. Längst sollten die Namen gefallen sein, die seit Jahrzehnten mit seinem Leben verbunden sind: von Karl May über Edgar Wallace zu Louis de Funès, von Chaplin zu Fassbinder und Ingmar Bergman, Heinz Erhardt nicht zu vergessen und Otto und . . . und äh . . . dings . . . äh . . . Aber das alles ist zu seinem Ruhm ja auch der Tagespresse zu entnehmen. Für mich, lieber Horst, hat heute, an deinem 70. Geburtstag, etwas anderes Bedeutung, etwas, das zu sagen mir am Herzen liegt:

Niemals – jedenfalls so lange ich dich kenne, und das sind so um die 15 Jahre – niemals waren dir 30 000 Meter mehr oder minder begabt belichteten Negativmaterials wichtiger als die Lust zu leben und andere, die deiner Hilfe bedurften, daran teilnehmen zu lassen. Das ist es, was ich immer an dir bewundern werde!

Das Kleinod

Video Winner 1991
Prinzregententheater München, 30. Januar 1992

Man muß sich einmal vor Augen halten, wie hilflos der Mensch noch bis vor kurzem vor einem Problem kapitulierte, das ihm teils das Gesetz, teils bürgerliches Brauchtum aufgebürdet hat: die tägliche, abendliche Freizeit.

Diese nach getaner Arbeit einsetzende häusliche Haftstrafe erlaubt wahlweise zwei Blickrichtungen: auf das eingeschaltete Fernsehgerät oder den Lebensgefährten. Da beim Anblick des letzteren auf die Dauer eine gewisse Eintönigkeit nicht zu leugnen ist, blieb nur das Fernsehprogramm, dessen zunehmender Qualitätsabfall die ratlosen Menschen scharenweise aus ihrer häuslichen Geborgenheit in die Kinos trieb.

Dieser bedenkliche Zustand wurde vorübergehend durch eine sensationelle Erfindung abgefangen: Mit Hilfe eines sogenannten Video-Recorders und einer dazugehörigen Cassette war es möglich, die im Fernsehen durch die Machenschaften sadistischer Programmgestalter erst zu mitternächtlicher Stunde laufenden, hochqualifizierten Spielfilme zu menschlicher Uhrzeit vorzuprogrammieren, also automatisch aufzunehmen und nach Belieben abzuspielen.

Doch die Freude war kurz: denn zur Bedienung des Gerätes bedurfte es – neben einem abgeschlossenen technischen Hochschulstudium – der Augen eines Falken zwecks Wahrnehmung winziger Ziffern und Schriftzeichen, ferner rascheste Enträtselung sekundenlanger schwacher

Lichtsignale und sensibelste Fingerkuppen zum Aufspüren unsichtbarer Drucktasten.

Gewiß hat diese Eigenschaften jedes zehnjährige Kind. Aber wer besitzt schon ein zehnjähriges Kind?

Aus dieser verzweifelten Situation befreite uns jenes Kleinod, das es heute zu feiern gilt: die bereits fertige, besonders wertvoll bespielte Videocassette zur mühelosen Gestaltung eines kultivierten Fernsehabends und damit zur Auffüllung eines Vakuums, das wir schaudernd als Freizeit bezeichnen. Offenbar war es mir vergönnt, hier hilfreich Hand anzulegen.

Ich danke allen, die mir dabei geholfen haben, aber aus Bescheidenheit hier nicht genannt sein möchten. Zum Beispiel die Warner Home Video. Ich danke ganz besonders Herrn Dr. Karasek für seine Worte und der Pro Video für eine eindrucksvolle Skulptur.

Paul Flora

Zum 70. Geburtstag
in der Kronenhalle Zürich, 20. Juni 1992

Liebe Freunde,

wenn ein Faun und eine Elfe den Bund fürs Leben schließen, bekommen sie ein ungewöhnliches Kind. Eine andere Erklärung für die Existenz unseres lieben Paul Flora ist denkbar, aber nicht wahrscheinlich.

Zu seinem bevorstehenden Geburtstag verbeuge ich mich vor einem Zeichner, den ich nun schon seit vier Jahrzehnten bewundere. In diesem Zeitraum ist mir beispielsweise nicht eine einzige Schraffur geglückt, die sich in annähernder Qualität neben den meisterlichen Strichlagen Paul Floras hätte sehen lassen können. Und wenn es nur das gewesen wäre. Aber es wollten mir auch keine venezianischen Paläste aus der Feder, keine Päpste, keine Gespenster, keine nächtlichen Lokomotiven, nicht einmal der kleinste Rabe im Nebel. Ein beschämender Vorgang.

Irgendwo haben wir mal in einer Buchhandlung gemeinsam unsere Bücher signiert. Während ich in stereotyper Akkordarbeit ein Nasenportrait nach dem anderen unter die aufgeschlagenen Titel setzte und auf Bitte des Buchhändlers auch noch weitere 200 Bände eilig mit dem gleichen Motiv versah, fertigte Paul Flora in jeden vorgelegten Band beschaulich eine Zeichnung nach Wunsch!

Ich neige nicht zu Depressionen, aber solche Erfahrungen können einen doch in der charakterlichen Entwicklung um Jahre zurückwerfen. Ich tröstete mich im stillen mit der Tatsache, auf meine Weise immerhin fast die ganze Auflage signiert zu haben. Und was sagte da Paul Flora? Er sagte: »Ein von Loriot *nicht* signiertes Buch ist eine bibliophile Kostbarkeit!«

Seitdem zögere ich jedesmal, bevor ich auf dringliche Bitte ein Buch entwerte . . . und denke dabei an Paul Flora. Im Namen unserer Zunft wünsche ich ihm alles Glück, das von unserer debilen Welt noch zu erwarten ist.

Das Jahrtausendereignis

Eine Ausstellung im Potsdam-Museum
22. Januar 1993

Sehr verehrter Herr Minister,
sehr verehrter Herr Oberbürgermeister,
meine sehr verehrten Damen und Herren,

in diesem Jahr feiert die Stadt Potsdam ihren 1000. Geburtstag. Sie ist also etwas älter als ich. Eigentlich ein tröstlicher Gedanke, wäre da nicht ein Punkt, an dem ein weiterer Vergleich nicht zu meinen Gunsten ausfiele: in Potsdam findet man hier und da noch eine Stelle, die so aussieht wie früher ... an mir nicht. Wahrscheinlich wird Potsdam sogar von Jahr zu Jahr schöner ... Naja, wir wollen diesen Gedanken nicht weiter verfolgen.

Der Herr Minister Enderlein, der Herr Oberbürgermeister Dr. Gramlich und Frau Dr. Bierschenk haben jedenfalls für meine Tätigkeit und die bedrohliche Rundung meiner Lebensjahre Worte gewählt, die ich als Wohltat empfinde, und ich werde mich hüten, etwa durch bescheidenes Abwiegeln, ihre Wirkung zu schmälern. Im Gegenteil: Ich hätte Ihnen noch lange zuhören können und bedanke mich herzlich.

Ursprünglich hatte ich diese Ansprache auf gute drei Stunden konzipiert, aber da stehende Zuhörer ziemlich rasch an Haltung verlieren, will ich mich auf das Notwendigste beschränken. Sollte Ihnen auch das zuviel werden, bitte ich Sie, sich zusammenzureißen.

Mein Ur-Ur-Ur-Urgroßvater war General der Infanterie und Berater des Preußenkönigs Friedrich. Mit der bekannten Weitsicht friderizianischer Feldherren sah er zeitlebens einen Ur-Ur-Ur-Urgroßenkel voraus, der anläßlich des Jahrtausend-Jubiläums der Stadt Potsdam dienlich sein könne.

Bei passender Gelegenheit schnitt er in Sanssouci an der für geistreiche Gepräche berühmten königlichen Tafelrunde dieses Thema an und schloß mit der Bemerkung, er halte eine Ausstellung der beruflichen Bemühungen seines Ur-Ur-Ur-Urgroßenkels im Jubeljahr 1993 für zweckmäßig und die Erstellung eines Museums daher für angebracht.

Den Umstand, daß der betreffende Nachfahre, im Gegensatz zu Friedrichs Windhunden, die so ganz anders gearteten Möpse bevorzugen werde, erwähnte der General klugerweise nicht. Ein überzeugendes Beispiel für die taktische Brillanz des Generals. Der König war begeistert.

Wenig später – im Jahre 1769 – stand das Gebäude, in dem wir uns hier befinden, und Friedrich wird seitdem »der Große« genannt.

224 Jahre träumte dann dieses Haus seiner eigentlichen Bestimmung entgegen. Nun ist es endlich soweit, und ich danke allen Helfern, die seit Wochen und Monaten unverdrossen gearbeitet haben, um dieser Ausstellung eine Bedeutung zu geben, die mit dem Wort »Jahrtausendereignis« zutreffend zu kennzeichnen wäre.

Ich bin in Brandenburg geboren und in Berlin aufgewachsen. Auf halbem Wege liegt Potsdam, wo meine Großeltern lebten und meine Mutter ihre Jugend verbrachte. Ich war hier immer nur zu Besuch, aber eben darum hat

Potsdam für mich auch bis heute den Zauber des nicht Alltäglichen, den Märchenglanz des Außergewöhnlichen behalten.

Und wenn mir an meinem sonst ganz unnützen 70. Geburtstag überraschend ein paar Wünsche in Erfüllung gingen, dann flösse das Havelwasser wieder in den Potsdamer Kanälen, und wir erlebten den historischen Wiederaufbau dieser unvergleichlichen Stadt.

Für Heinz Rühmann

Eine Szene zum 90. Geburtstag
Prinzregententheater München, 7. März 1992
mit Evelyn Hamann

Er: Gibt's eigentlich heute abend irgendwas im Fernsehen?
Sie: Es gibt *jeden* Abend *irgendwas* im Fernsehen ...
Er: Ich meine irgendwas, was sich *lohnt.*
Sie: Ja, der 90. Geburtstag von Heinz Rühmann ... aber wir können heute nicht fernsehen, weil wir eingeladen sind.
Er: Wo?
Sie: Zu Rühmanns Geburtstag.
Er: Im Prinzregententheater?
Sie: Ja.
Er: Typisch, *wenn* mal was im Fernsehen ist, können wir es nicht sehen!
Sie: Wir sehn es doch!
Er: Aber nicht im Fernsehen!
Sie: Die *andern* sehn es im Fernsehen ... *wir* sehn es selbst ... persönlich!
Er: Wir sehn da nicht das, was die andern im Fernsehen sehen ...!
Sie: Was denn sonst?
Er: Was weiß ich ... Kameras von hinten ...
Sie: Wenn wir schon zum Geburtstag eingeladen sind, werden wir ja wohl Rühmann von vorn sehen dürfen!
Er: Von weitem! Ich erkläre dir das mal ... auf dem Bildschirm ...

Sie: ... Ich muß mich jetzt umziehen ...

Er: ... Vielleicht darf ich noch einen Satz dazu sagen ... Also: auf dem *Bildschirm* sieht man natürlich *mehr* als in *Wirklichkeit* ... wir haben im Fernsehen zum Beispiel schon Maulwürfe, Pinguine und ausschlüpfende Kleidermotten gesehen ...

Sie: Was?!

Er: ... Oder häutende ... sich häutende Motten ... was war denn das? Kleidermotten ... ausschlüpfend ... im Schlupf ... hörst du mir zu?

Sie: Jaa! ... Im Schlupf ...

Er: Richtig ... und in *Wirklichkeit* ... also auch bei uns im *Garten* ... könnten wir das persönlich *nicht* sehen ... auch, wenn es da wäre!

Sie: (enerviert, langsam, mit Nachdruck) Wenn in unserem Garten ein Pinguin wäre, würde ich ihn sehen ... mit oder ohne Kamera!

Er: Gut ... das war ein falsches Beispiel ... bleiben wir bei ...

Sie: (unterbricht) Pinguine kommen außerordentlich selten in unseren Garten ...

Er: Ich sagte schon, das war kein gutes Beispiel ...

Sie: ... Und Pinguine sind auch meistens nicht allein ...

Er: Ich nehme den Pinguin zurück ... hast du gehört ... ich nehme ihn zurück ...

Sie: Pinguine stehen zu Tausenden herum ... die sind gar nicht zu übersehen ... das fällt doch auf!

Er: Ich meinte ja auch nur einen einzelnen, und den habe ich ja auch schon ...

Sie: ... Dazu brauchten wir nun wirklich kein Fernsehen! Und sich häutende Kleidermotten möchte ich *über-*

haupt nicht sehen ... da reichen mir schon die Nachrichten!

Er: Also, ein anderes Beispiel ... und *bitte* höre mir zu! ... Hast du jemals in unserem Garten einen Maulwurf gesehen ... einen lebenden, maulwerfenden Maulwurf? ... nein, natürlich nicht!

Sie: Ich muß mich jetzt umziehen ...

Er: ... Aber es *sind* da welche, und *du* hast sie nie gesehen und *ich auch* nicht! ... *Aber* im Fernsehen *hast* du sie gesehen! *Das* meine ich!

Sie: (streng) Ich habe unsere Maulwürfe im Fernsehen *nicht* gesehen!

Er: Ich behaupte ja auch nur, daß man im Fernsehen mehr sieht als in der Natur!

Sie: Es ist überhaupt nicht sicher, daß heute Maulwürfe im Fernsehen sind!

Er: Das habe ich auch gar nicht behauptet! Aber wenn irgendwo Maulwürfe wären, dann würden wir sie im *Fernsehen* sehen ... aber da, wo sie *sind* ... wenn wir da *wären* ... da sehen wir sie nicht! ... Hörst du mir zu?

Sie: Ja ... ich soll darauf gefaßt sein, daß wir auf Heinz Rühmanns Geburtstag keinen Maulwurf sehen!

Er: Ja ... und davon abgesehen ist es natürlich eine Ehre, daß wir eingeladen sind ...

Sie: ... Weil du mit Heinz Rühmann zusammen in einer Schulklasse warst.

Er: ... Reimann ... Horst Reimann war das!

Sie: Ich zieh' mich jetzt um ... aber *das sage* ich dir, wir wollen nicht zu lange bleiben und nicht wieder als letzte nach Hause fahren!

Er: Aber wohl auch nicht, bevor wir Herrn Rühmann zum Geburtstag gratuliert haben ...

Sie: Neinnein ...

Er: ... Und wann?

Sie: Jetzt gleich! Du fängst an!
(Beide stehen auf)

Er: Lieber, verehrter Herr Rühmann ...

Sie: ... wir wünschen Ihnen von Herzen Glück und Segen ...

Er: ... und verneigen uns vor dem Geburtstagskind ...

Sie: ... in Bewunderung und Dankbarkeit!

Satire im Fernsehen

Vortrag in der Evangelischen Akademie Tutzing
4. Juli 1979

Meine sehr verehrten Damen und Herren,

das deutsche Wesen ist zwiespältig und daher besonders wertvoll. Wo sonst in der Welt wird beispielsweise so gründlich über Unterhaltung nachgedacht, wo sonst ist aber auch das Verhältnis zu dieser so gebrochen wie im Sprachraum Goethes und der Gebrüder Grimm. Wir sind eben mit unserem Kulturgut seriös verheiratet und schämen uns der Freundin.

Da kein Begriff diskutabel ist, auf dessen Bedeutung man sich nicht geeinigt hat, hier eine (gekürzte) Definition aus dem Brockhaus des Jahres 1895:
Die Aufgabe der Satire ist es, den Widerspruch der Wirklichkeit mit dem Ideal, also die Nichtigkeit sowohl der gesellschaftlichen Zustände als auch der Irrungen und Verkehrtheiten des Staatslebens und der politischen Parteien in ihrer ganzen Blöße darzustellen und so auf deren Besserung und Veredelung einzuwirken. Ende des Zitats.

Wir Satiriker sollen bessern und veredeln, also eine Art Gartenarbeit leisten. Man braucht nur einen Blick auf die Gartenpflege zu werfen, und der ganze destruktive Charakter dieses Veredelungsauftrags wird deutlich. Da wird ausgerupft, abgeschnitten, abgesägt, weggeworfen, verbrannt und sogar getötet. Der Gärtner bedient sich hierzu waffenähnlicher Werkzeuge.

Auch die Satire ist eine Waffe. Zweischneidig durch Witz und Ironie. Weder Witz noch Ironie haben positive oder konstruktive Aspekte. Also ist zwangsläufig auch die Satire, wie jede Waffe, destruktiv und zersetzend. Gott sei Dank. Sie baut ab, wo das Fundament nicht stimmt, sie zersetzt, was falsch zusammengewachsen ist.

Es hat sich so eingeschlichen, Eigenschaften wie »destruktiv« und »zersetzend« als krank zu empfinden, wie Pest und Pocken etwa, ohne danach zu fragen, *was* destruiert, *was* zersetzt wird. Ein aus der Angst geborenes bürgerliches Mißverständnis.

Es mag darin begründet sein, daß die Satire gelegentlich etwas Entscheidendes vermissen läßt: den Humor. Dabei brauchte sich der engagierte Satiriker dessen nicht zu schämen. Auch Humor ist immer zersetzend. Wehe dem Satiriker, der glaubt, auf ihn verzichten zu müssen. Er begibt sich eines entscheidenden Wirkungsfaktors.

Die geglückte humoristische Satire stößt nur auf schwachen Widerstand. Sie läßt ihr Opfer jubilieren, nicht obwohl, sondern weil es sich getroffen fühlt. Nur so verwandelt sich die verletzende Unterhaltung zum Phänomen der unterhaltsamen Verletzung.

Allerdings gehört die Satire zu einem der überflüssigsten literarischen Produkte, wenn sie nicht veröffentlicht wird. Das Fernsehen hat Unterschlupf geboten, teils froh, teils mit Bedenken oder ohne Sympathie. Es gibt da Probleme.

Zum ersten Mal in der Geschichte der Menschheit ist es möglich, einem nach Millionen zählenden Publikum mehrmals täglich, vor und nach den Mahlzeiten, sogar während derselben, eine Droge zu verabreichen, ohne daß es eine wirkliche Chance hätte, sich dagegen zu wehren. Ein Buch kann man in die Ecke werfen, das Theater in der Pause verlassen, die Zeitung abbestellen. Aber der Hinweis auf den Abschaltknopf des Fernsehgerätes ist zynische Theorie. Der moderne, verbildete Mensch ist nach festen Rhythmen auf das eingeschaltete Gerät programmiert und genußbereit.

Es gibt zwei ungleiche Schwestern, die, wie alle Geschwister, eng verwandt und daher geborene Gegner sind: Politik und Satire. Ihr gemeinsamer Geliebter ist das Fernsehen, pikanterweise ein Neutrum, was das Geschlecht betrifft. Werfen wir also einen Blick auf diese widernatürliche Beziehung zu dritt, um vergleichend zu klären: Wer darf was?

Das Neutrum Fernsehen sollte unverführbar sein. Seltsamerweise ist es das nicht. Und so erliegt es gelegentlich dem Charme der Politik. Hier bedarf es sorgfältiger Unterscheidung, wenn wir Standort und Möglichkeiten der Satire in ihrem Umfeld klären wollen.

Der Berufspolitiker vertreibt auf ehrliche Managerart sich und seine Partei als Markenartikel. Er kann geistreich, humorig, ernst oder schwachsinnig sein, niemand wird ihm das Recht nehmen wollen, seine Überzeugung via Bildschirm zu verbreiten. Er mag sogar die Unwahrheit sagen, wenn er sie brillant formuliert. Das lockert angenehm die Sitten und trägt zur Unterhaltung bei. Er darf alles.

Aber dann gibt es die anderen, die treuherzigen Bildschirmpolitiker, die das Brandmal ihrer Partei keusch hinter dem Schein der Überparteilichkeit und Objektivität verborgen halten, sich jedoch lieber die Zunge abbeißen würden, als ihren Parteifreunden die Suppe zu versalzen. Leider hat sich noch keiner die Zunge abgebissen, und die Suppe ist trotzdem versalzen.

Warum hat eigentlich noch niemand öffentlich darauf hingewiesen, daß ein Fernsehschaffender, der seine Arbeit auf dem Bildschirm in den Dienst einer bestimmten politischen Richtung stellt, fortgesetzte Schleichwerbung betreibt, was doch wohl zu den Todsünden der Mattscheibe gehört? Man muß sich fragen, warum dieser Herr nicht auch ein Glas seiner Lieblings-Delikateßgurken vor sich auf dem Tisch hat, mit dem Etikett zur Kamera. Man wundert sich, daß er nicht beiläufig zu verstehen gibt, seine Unterwäsche sei Dash-gepflegt und daher so hautfreundlich. Zur Rede gestellt, würde er wahrscheinlich antworten, diese objektive Betrachtung aus der Sicht seiner Unterwäsche diene lediglich der Information, auf die der Zuschauer Anspruch habe.

Seltsamerweise wird dem Satiriker im Fernsehen eine ähnlich großzügige Auslegung seines Freiraumes nicht immer zuteil. Woran liegt das? Zunächst am Zuschauer, erst in zweiter Linie am Fernsehen.

Hier sei eine Verallgemeinerung erlaubt. Das deutsche Bürgertum neigt zu großer Aufgeschlossenheit, wenn Weltanschauung ernsthaft vorgetragen wird. Auch der gefährlichste Unsinn, gleichgültig aus welcher Richtung – mit Würde vorgetragen – wird disziplinierte Zuhörer finden, auch wenn diese anderer Meinung sein sollten.

Der Satiriker dagegen wird leicht als ungezogenes Kind empfunden, das den Erwachsenen mit seinem Geschrei auf die Nerven geht. Es bekommt daher ein pflegeleichtes Ställchen, wo es sich ganz frei bewegen kann. Und das goldene Wort von den Kindern und Narren steht in Meiers Hausschatz für die Familie, gleich rechts auf der Anrichte, zwischen Fotoalbum und Shell-Atlas.

Es ist sicher unrichtig, zu behaupten, die Deutschen hätten weniger Humor als andere. Richtig ist wahrscheinlich, daß wir ein leichter zu verletzendes Selbstbewußtsein haben. Das macht uns empfindlich, wenn wir uns nicht ernst genommen fühlen. Die Engländer sind da weniger heikel. Sie haben ja auch weniger Prügel bezogen.

Daher wird bei uns die Wahrheit im Gewande der Satire oft schwerer ertragen als eine seriöse Lüge. Dieser Hang zu einer unausgewogenen Ernsthaftigkeit treibt sowohl in der Familie als auch in der Fernsehpraxis bizarre Blüten. So entscheidet, wie man weiß, nicht etwa ausschließlich die fachliche Eignung, sondern auch die politische Überzeugung bei der Besetzung eines leitenden Fernsehpostens. Schon das erschiene skandalös und als gefundenes Fressen für die Satire, wenn nicht die Wurzel dieses Vorgangs sehr viel böser wäre: ebenjener tödliche Ernst, frei von Fairness und Gelassenheit, eine allgemeine, nahezu totale Humorlosigkeit, mit der bei uns politisch gedacht und leider auch gehandelt wird.

Die Satire ohne Humor wird nicht akzeptiert, da sie verletzend und würdelos sei. Warum ist Politik ohne Humor akzeptabel? Diese politische Verbissenheit mag dem Berufspolitiker zähneknirschend verziehen werden; den Gestalter von Fernsehprogrammen sollte sie disqualifizieren.

Zum Berufsethos eines Fernsehmachers der gehobenen Gehaltsklasse müßte der Ehrgeiz gehören, aus seiner politischen Überzeugung ein Rätsel zu machen. Nur zwischen sämtlichen Stühlen ist sein Platz. Wie schnell würden wir dann unser Proporzsystem mit seiner zwanghaften Ausgewogenheit als ebenso lächerlich wie unwürdig empfinden.

Mit Proporz sollte doch wohl nichts anderes als Vernunft und das Verständnis für eine andere Überzeugung gemeint sein. Der Proporz hat also in uns selber stattzufinden. Wenn nicht, ist die Möglichkeit zum Gespräch vertan.

An diesem Punkt findet die moderne Satire ihre Aufgabe und eine Chance. Die Satire vergangener Epochen hatte leicht erkennbare Ziele. Die Macht saß oben in Staat und Gesellschaft. Ein attraktiver Gegner, der nicht zu verfehlen war. Man traf mit geschlossenen Augen und war sich der Sympathie einer Mehrheit sicher. Das ist vorbei. Die politische Macht sitzt nur scheinbar oben und die gesellschaftliche Macht ist durch ihre Schichten nach unten gerutscht.

Da die Satire stets auf die Macht zielt, hat sich die Schußrichtung geändert. Der Pfeil weist auf den, der für die Zustände verantwortlich ist, in denen wir leben. Das ist der Wähler, der Konsument, der Zuschauer, der Autobesitzer, aber auch der Fernsehmacher, der Gewerkschafter, der Werbefachmann, der Vertreter, kurz, der Mann und die Frau auf der Straße oder draußen im Lande, wie es immer heißt. Sie haben die Macht und tragen im Grunde die Verantwortung. Damit werden sie zum Ziel der Satire.

Gewiß bleiben Regierung und Opposition in der Schußlinie. Aber eben nur als Abhängige jener Millionen Sympathisanten, in deren Auftrag sie zu funktionieren haben. Von gewissen spektakulären politischen Fehlleistungen abgesehen, sind sie für den Satiriker eigentlich nur insoweit interessant, als sie dieselben menschlichen Schwächen zeigen wie jeder andere Mensch in unserer Gesellschaft.

Es sollte zur Aufgabe der Satire gehören, die entartete Politisierung unseres Lebens der Lächerlichkeit preiszugeben. Gemeint ist nicht die engagierte politische Überzeugung, sondern der Umgang mit ihr. Wenn das politische Gebaren eben jene Charaktereigenschaften kastriert, die allein das Leben in einer Gesellschaft erträglich machen, entwickeln wir uns zurück.

Wir Satiriker wissen um unseren schwachen Wirkungsgrad. Es spricht daher für eine gewisse Weltfremdheit, wenn wir beispielsweise bemüht sind, durch unsere Art von Pädagogik der Politik wieder zu jener Glaubwürdigkeit zu verhelfen, die sie im Begriff ist zu verlieren. Als bescheidene Gegengabe sollte sie uns uneingeschränkte Freiheit garantieren. Sonst ist ihr nicht zu helfen.

Nach meiner letzten Sendung war in der *Deutschen Wochenzeitung*, Rosenheim, zu lesen, ich betriebe durch die Schilderung eines Gattenmordes in Verbindung mit dem Weihnachtsfest seelische Zersetzung und es gehöre zu der Welt, in der wir leben, daß durch diesen Skandal kein Staatsanwalt aufgeweckt würde. Der Artikel schloß mit dem Absatz:

»Um uns den Kontrast zwischen dem von allen Menschen ersehnten Weihnachtsfrieden und der rauhen Wirklichkeit klarzumachen, brauchen wir keinen Loriot, denn das wirkliche Leben ist keine Karikatur.«

Da schließe ich mich der Meinung des Schreibers an. Nur in einem Punkt muß ich ihn korrigieren: Unser wirkliches Leben *ist* eine Karikatur.

Candide

Das Musical von Leonard Bernstein
August 1991

Candide, das Musical der Herren Voltaire und Bernstein, ist das einzige seiner Art, dessen genaue Inhaltsangabe – rasch vorgetragen – ebenso lange dauert wie das Musical selbst. Dabei ist es eine ganz entzückende, durchaus aktuelle Geschichte.

Candide liebt Cunigunde, und wir begleiten das Paar – meist getrennt – auf einer Art Abenteuerurlaub, wobei die sympathischen Liebesleute sich nichts entgehen lassen, was den zeitgemäßen Tourismus so kurzweilig gestaltet.

Man gerät auf dem Balkan live in einen Krieg. Candide darf schon am ersten Tag Spießruten laufen, während Cunigunde ausgiebig vergewaltigt wird. Das ist eben doch alles schöner als daheim in Westfalen. Leider wurden bei dieser Gelegenheit – wohl versehentlich – die Eltern zerstückelt. Aber so was kann in der allgemeinen Ausgelassenheit schon mal vorkommen. Der Reiseleiter wird sich entschuldigt haben.

Bei der anschließenden Seereise nach Lissabon ist dann eine Schiffskatastrophe im Angebot, inklusive Untergang und Rettung in letzter Sekunde. Der Tag klingt aus mit einem Vulkanausbruch und wahlweise echter Auspeitschung oder Tod durch den Strang. Cunigunde ist derweil programmgemäß nach Paris abgereist, um dort als Hure neue Eindrücke zu gewinnen. Da sich der Aufenthalt doch etwas hinzieht, erhält Candide Gelegenheit für einen interessanten Doppelmord mit obligater Flucht nach Buenos Aires einschließlich schicken Dschungelverstecks und drohenden Hungertods. Die Wiedervereinigung der beiden Reisenden findet beim Karneval in Venedig statt.

Im ganzen gesehen war das Management nicht optimal. Der Urlaub hatte Mängel gezeigt, das Liebespaar wirkt angestrengt und mißgelaunt. Doch für das Finale reißt sich Candide zusammen und bittet Cunigunde um ihre Hand. Cunigunde schlägt ziemlich lustlos ein, und beide beschließen, übermüdet wie sie sind, gleich hier einen Bungalow zu erwerben, künftig nur noch ganz kleine Brötchen zu backen und nie mehr zu verreisen.

Glück und Unglück

Ein Fragebogen des »F.A.Z.-Magazins«
15. Mai 1981

Was ist für Sie das größte Unglück?
Bayreuth (Abfahrt).
Wo möchten Sie leben? *Tristan-, Ecke Isoldenstraße.*
Was ist für Sie das vollkommene irdische Glück?
Bayreuth (Ankunft).
Welche Fehler entschuldigen Sie am ehesten?
Siegmunds und Sieglindes Bund.
Ihre liebsten Romanhelden? *Wagner hat keinen Roman geschrieben.*
Ihre Lieblingsgestalt in der Geschichte? *Wagner.*
Ihre Lieblingsheldinnen in der Wirklichkeit?
Birgit Nilsson, Gwyneth Jones, Hildegard Behrens, Jeannine Altmeier, Catherina Ligendza.
Ihre Lieblingsheldinnen in der Dichtung?
Brünnhilde, Waltraute, Sieglinde, Isolde.
Ihre Lieblingsmaler? *Wagner hat nie gemalt.*
Ihr Lieblingskomponist? *Wagner.*
Welche Eigenschaften schätzen Sie bei einem Mann am meisten? *Des Helden heilige Not.*
Welche Eigenschaften schätzen Sie bei einer Frau am meisten? *Weibes Wonne und Wert.*
Ihre Lieblingstugend? *Fällt mir nicht ein.*
Ihre Lieblingsbeschäftigung? *Mächtigste Minne.*
Wer oder was hätten Sie sein mögen? *Mime, mein Mops.*
Ihr Hauptcharakterzug? *Weiß ich nicht.*

Was schätzen Sie bei Ihren Freunden am meisten? *Ihre Existenz.*
Ihr größter Fehler? *Meine Fehler sind alle gleich groß.*
Ihr Traum vom Glück? *Bayreuth 1982 – 83 – 84 – 85 – 86 – 87 – 88 – 89 – 90 – 91 – 92 – 93 – 94 – 95 – 96 – 97 – 98 – 99 – 2000.*
Was wäre für Sie das größte Unglück? *Bayreuths Ende.*
Was möchten Sie sein? *Genial.*
Ihre Lieblingsfarbe? *Wotans grämliches Grau.*
Ihre Lieblingsblume? *Die Wagnolie.*
Ihr Lieblingsvogel? *Der wonnige Laller.*
Ihr Lieblingsschriftsteller? *Wagner.*
Ihr Lieblingslyriker? *Wagner.*
Ihre Helden in der Wirklichkeit? *Max Lorenz, Fritz Windgassen, Peter Hofmann, René Kollo, Fritz Hübner.*
Ihre Heldinnen in der Geschichte? *Amalie Materna, Malvine Schnorr v. Carolsfeld, Lotte Lehmann.*
Ihre Lieblingsnamen? *Ortlinde, Schwertleite, Helmtwige, Grimgerte, Roßweiße.*
Was verabscheuen Sie am meisten? *Gekürzte Wagneropern.*
Welche geschichtlichen Gestalten verachten Sie am meisten? *Alle (außer Wagner).*
Welche militärischen Leistungen bewundern Sie am meisten? *Den Walkürenritt.*
Welche Reform bewundern Sie am meisten? *Weiß ich nicht.*
Welche natürliche Gabe möchten Sie besitzen? *Einen Heldentenor.*
Wie möchten Sie sterben? *Morgendlich leuchtend im rosigen Schein.*
Ihre gegenwärtige Geistesverfassung? *Müde.*
Ihr Motto? *Heiahaheiahaheiaha ...*

Der Ring an einem Abend

Wagners Bühnenfestspiel
»Der Ring des Nibelungen«
in einer Fassung für Erzähler,
Sänger und Orchester.
Uraufführung mit den Kräften des
Nationaltheaters Mannheim
unter der musikalischen Leitung von Jun Märkl
im Musensaal, 28. Oktober 1992

Meine sehr verehrten Damen und Herren,

Der Ring des Nibelungen an einem Abend ... 15 Stunden Musik also. Eine solche Veranstaltung verlangt eine eiserne Konstitution. Ich bewundere Ihre Entschlossenheit!

Aber so groß ist das Abenteuer nun doch nicht. Leider hören Sie Wagners Werk um etwa 12 Stunden gekürzt. Ein schmerzhafter, wenn nicht unverantwortlicher Eingriff, der nur mit den Zielen dieses Abends zu entschuldigen ist: bei den Freunden Wagners die Sehnsucht nach dem Ganzen wachzurütteln und seinen Gegnern Gelegenheit zu geben, ihre bislang haltlosen Vorurteile endlich überzeugend begründen zu können.

Die Täter im gewaltigsten Drama der Musikgeschichte sind eigentlich ganz nette Leute. Nur eine gemeinsame Leidenschaft wird ihnen zum Verhängnis: Sie wollen mehr besitzen, als sie sich leisten können, mehr Macht, als ihnen zusteht. In blindem, lieblosem Gewinnstreben vernichten sie sich selbst und ihre Welt.

Zum Glück gibt es ja dergleichen nur auf der Opernbühne.

Das *Rheingold*, der erste Teil der Tetralogie, beginnt in jener vorgeschichtlichen Zeit, in der es noch möglich war, im Rhein zu baden. Getragen von 136 Takten in Es-Dur versinken wir über den Grund des Flusses an den Ursprung der Welt.

(Das Rheingold, Vorspiel, Beginn der 1. Szene)

Mit dem plötzlichen Auftauchen der Rheintöchter, drei unbekleideten, passionierten Schwimmerinnen, ist das Ende der Unschuld vorprogrammiert. Das bekannte Gesangstrio singt ebensogut unter wie über Wasser und hört auf die Künstlernamen Woglinde, Wellgunde, Flosshilde. Unverantwortlicherweise sind die Damen mit der Bewachung eines hochbrisanten Wertobjektes, des sogenannten Rheingoldes betraut, ohne im mindesten hierfür geeignet zu sein. Sie lassen sich vor Ort ansprechen von einem gewissen Alberich aus Nibelheim.

Die Damen wittern willkommene Kurzweil und treiben mit dem zwergenwüchsigen Voyeur ein aufreizendes, übles Spiel, wobei sie seinen Stolz als Liebhaber empfindlich verletzen. Schließlich geben sie in Kicherlaune auch noch das Betriebsgeheimnis preis: Maßlose Macht über die Welt fällt demjenigen zu, der das Rheingold zu einem Ring zu schmieden vermag und dafür zeitlebens auf Liebe verzichtet.

Kein Wunder: Alberich fühlt sich ohnehin um den erotischen Erfolg betrogen und greift statt dessen nach der Weltmacht. Er flucht auf die Liebe, raubt das Gold und verschwindet in Richtung Nibelheim. Das Unheil nimmt seinen Lauf.

Wenn die Rheintöchter, sagen wir mal ... etwas entgegenkommender gewesen wären, hätte man sich drei weitere aufwendige Opern sparen können. Das sollte zu denken geben.

(Das Rheingold, aus der 1. Szene)

Szenenwechsel an die Erdoberfläche, in die noblen Regionen der Götter. Im Hintergrund erhebt sich ein Felsmassiv. Sein Gipfel hat durch einen voluminösen Neubau seine natürliche Schönheit eingebüßt.

Auf einer Wiese im Vordergrund schläft der Bauherr. Neben ihm erwacht seine Gattin Fricka und eröffnet mit den Worten: »Wotan, Gemahl, erwache« eine dieser klassischen ehelichen Auseinandersetzungen, die dem Ehemann keine Chance bieten. Natürlich ist die Ehefrau im Recht ... leider macht sie das nicht sympathischer. Was war geschehen?

Wotan ließ durch die Firma Fasolt & Fafner den aufwendigen Familiensitz Walhall errichten als Festung gegen die zerstörenden Mächte des Bösen, ohne seine Frau über eine skandalöse Besonderheit dieses Bauvorhabens zu informieren. Hatte er doch – in Ermanglung des nötigen Kapitals – den Brüdern Fasolt und Fafner die Göttin Freia, seine eigene Schwägerin, als Honorar zugesichert. Eine Regelung, die auch im harten Geschäftsleben unserer Tage eher zu den Ausnahmen gehört.

(Das Rheingold, Beginn der 2. Szene)

Die Gebrüder Fasolt und Fafner, zwei Bauunternehmer mit der Schuhgröße 58, treffen ein, um vertragsgemäß die Göttin Freia abzuholen. Diese hat nicht die mindeste Lust, ihr Leben künftig an der Seite zweier Monster zu verbringen, und protestiert energisch bei ihrer Familie. Leider vergeblich. Ein Augenblick von hoher Peinlichkeit.

Da erscheint in letzter Minute der mißliebige Feuergott Loge, der seinerzeit den unseligen Vertrag mit ausgehandelt hatte. Als amoralischer Intellektueller ist er der einzige, der Wotan noch aus der Patsche helfen kann.

Loges Lösung ist verblüffend einfach, wenn auch außerhalb der Legalität: man brauche nur in einer Nacht-und-Nebel-Aktion nach Nibelheim zu fahren, Alberich seiner immensen Goldrücklagen zu berauben und diese den Riesen im Austausch gegen Freia anzubieten. Der Vorschlag wird mit Erleichterung aufgenommen und sofort in die Tat umgesetzt.

In Nibelheim, einem unterirdischen Großbetrieb, der das Tageslicht scheut, treffen Wotan und Loge auf Alberich und seinen Bruder Mime. Alberich ist es gelungen, aus Teilen des Rheingoldes den weltbeherrschenden Ring zu schmieden. Aber die neue Machtfülle ist ihm offensichtlich nicht gut bekommen, denn seine geistige Entwicklung hat mit dem Kapitalzuwachs nicht Schritt gehalten. Ein Symptom, das ihn eng mit uns verbindet.

Alberich fällt auf einen üblen Trick herein: Arglistig meint Loge, Alberich könne vieles, aber sich in eine Kröte verwandeln könne er wohl nicht... das mag Alberich nicht auf sich sitzen lassen, und schon führt er mit Hilfe eines von Mime geschmiedeten Tarnhelms das Kunststück vor.

Blitzschnell bringen Wotan und Loge die Kröte in ihre

Gewalt. Der wieder sichtbare Alberich wird des Tarnhelms beraubt, gefesselt ans Tageslicht geschleppt und gezwungen, alle dem Rhein entnommenen Wertgegenstände auszuliefern, mit der fadenscheinigen Begründung, er habe sie ja auch nur gestohlen.

Als letztes reißt Wotan dem unglücklichen Alberich den Ring vom Finger. Erst dann erhält der Nibelung seine ärmliche Freiheit zurück. Fast ist man auf seiner Seite, wenn er den Ring, dieses Symbol liebloser Weltmacht, für alle Zeiten verflucht.

(Das Rheingold, aus der 4. Szene)

Die göttliche Gesellschaft läßt sich von Alberichs Fluch nicht die Stimmung verderben. Auch die Übergabe des Rheingoldes an Fasolt und Fafner erfolgt ohne Zwischenfälle.

Aber dann fordert der Riese Fasolt auch noch den Ring des Nibelungen an Wotans Finger. Die Krise ist da, das Tauschgeschäft droht zu platzen, Freia scheint verloren.

Da erhebt sich aus der Tiefe der Unterbühne die Allwissende Erda. Mit wohlklingender Altstimme rät sie Wotan in cis-Moll, auf den verfluchten Ring zu verzichten. Andernfalls sei eine Götterdämmerung nicht zu vermeiden. Wotan ist vom klugen Charme dieser Frau fasziniert und wirft gehorsam den Ring zum Lösegeld.

Sekunden später trifft Alberichs Fluch das erste Opfer. Fafner erschlägt seinen Bruder Fasolt im Streit um den Ring. Die Götter sind noch einmal davongekommen und beziehen frohgemut ihr monströses Walhall.

Nur Loge mag den neuen Lebensstil der High Society

nicht teilen. Lustvoll malt er sich ihr unrühmliches Ende aus. Und in der Tiefe jammern die törichten Töchter des Rheines.

(Das Rheingold, Finale)

In den Jahren zwischen *Rheingold* und *Walküre* muß Wotan in Hochform gewesen sein. Damen aus den besten Kreisen schenkten ihm acht gesunde Töchter. Vor allem blieb der weitere Gedankenaustausch mit Erda nicht ohne Folgen. Das gemeinsame kräftige Kind heißt Brünnhilde und ist seine Lieblingstochter.

Wotan bildete sie mit ihren acht Halbschwestern zu Walküren aus, einer berittenen weiblichen Eliteeinheit zur Verteidigung Walhalls. Auch fand der erstaunlich potente Gott unter dem Decknamen »Wälse« Zeit für eine leidenschaftliche Affäre mit einer Menschenfrau. Sie gebar ihm die Wälsungen Siegmund und Sieglinde, ein Zwillingspaar, das sich allerdings bald aus den Augen verlor.

Mit diesen Lustbarkeiten verfolgt Wotan offensichtlich nur ein Ziel: den Ausbau einer vertrauenswürdigen Hausmacht. Leider bleibt das alles verlorene Liebesmüh, solange der Ring des Nibelungen sich im Besitz des unberechenbaren Unternehmers Fafner befindet. Aber Wotan kann sich illegale Gewaltakte und Vertragsbrüche nicht mehr leisten. Er wäre als oberste Instanz für Recht und Ordnung ein für allemal erledigt. Doch wie alle Politiker weiß Wotan in jeder hoffnungslosen Lage einen gottgewollten Ausweg.

Ein anderer nämlich – kein Gott – ein ahnungsloser, freier Mensch müßte ohne Auftrag, wenn auch unmerklich geführt, in aller Unschuld also, diesen lebensgefährlichen Ring in seine Gewalt bringen und ihn – wenn es denn sein muß – mit freundlichen Grüßen den Rheintöchtern zwecks Entsorgung zurückerstatten. Da kommt nur einer in Frage: Siegmund, Wotans außerehelicher Sohn, den er hinter Frickas Rücken für diese Aufgabe erzogen hat.

Wenn sich der Vorhang zum 1. Akt der *Walküre* öffnet, fällt der Blick auf einen meterdicken Eschenstamm, der das Dach eines rustikalen Wohnraumes trägt. In Griffhöhe steckt ein Schwert namens Nothung. Wotan stieß es gelegentlich hinein, um es Siegmund unauffällig zuzuspielen. Und wie es sich so trifft: Nur sein Sohn verfügt über eine ausreichende Muskulatur, um es termingerecht herauszuziehen.

Nach kurzem Vorspiel taumelt ein erschöpfter Flüchtling ins Haus der Eheleute Hunding. Der Hausherr, ein schwerer Baß, erkennt in dem Fremden einen Heldentenor, seinen Todfeind, fordert ihn zum Duell bei Tagesanbruch und geht zu Bett. Vorsorglich verabreicht die Hausfrau dem Gatten das gewohnte Beruhigungsmittel in etwas stärkerer Dosis als gewöhnlich.

Allein gelassen ist das junge Paar nicht mehr zu halten. Der Fremdling zieht mühelos das Schwert aus dem Stamm, und wir erleben die Wiedervereinigung der Zwillingsgeschwister Siegmund und Sieglinde. Es handelt sich dabei um Inzest und Ehebruch. Man ist begeistert.

Nur Hunding verschläft eine der eindrucksvollsten Liebeserklärungen der Opernbühne.

(Die Walküre, Finale des 1. Aufzugs)

Bis jetzt klappte eigentlich alles vorzüglich. Siegmund besitzt seine Wunderwaffe und wäre gegen Fafner einsatzbereit. Davor liegt allerdings noch das Duell gegen Hunding. Das könnte zwar als ungefährliches Training betrachtet werden, aber Götter scheuen das Risiko.

Wotan befiehlt also der Walküre Brünnhilde, seiner Lieblingstochter, Siegmund im Kampf gegen Hunding zu unterstützen. Brünnhilde ist glücklich über diesen Auftrag des Vaters und galoppiert aufjauchzend davon. Frau Fricka betritt die Bühne.

Sie neigt bekanntlich dazu, Dinge zu verurteilen, die anderen Freude machen. Zum Beispiel Ehebruch. Wie alle Ehemänner nimmt Wotan Verfehlungen dieser Art von der heiteren Seite, solange es nicht die eigene Frau betrifft. Nicht so Fricka. Als Wahrerin der sittlichen Ordnung verlangt sie von ihrem Mann den Eid, die schamlosen Vorgänge um Siegmund und Sieglinde zu beenden.

Das bedeutet Siegmunds Tod und für Wotan vorerst keine Hoffnung auf ein passables Happyend. Aber er befürchtet eine zweite Ehekrise und gibt nach. Seine Autorität zu Hause ist eben doch bescheidener als beim Geländeritt mit den Walküren.

In tiefer Resignation erklärt Wotan seiner Tochter die Gründe für den geänderten Befehl, nicht Siegmund, sondern Hunding den Sieg zu sichern. Sich selbst wünscht er nur eines noch: das Ende.

Brünnhilde glaubt, nicht recht gehört zu haben, fügt sich aber zunächst dem Vater. Noch in derselben Nacht erscheint sie Siegmund, um in rührender, fast zärtlicher Behutsamkeit ihm das bevorstehende Ende leicht zu machen.

(Die Walküre, 2. Aufzug, Beginn der 4. Szene)

Siegmund ist also von der Verheißung eines ewigen Heldenlebens in Walhalls Glanz und Gloria ohne Sieglinde nicht im mindesten beeindruckt. Brünnhilde, die einen derartigen Liebesbeweis von Männern ihres eigenen Bekanntenkreises noch nicht erlebt hat, ist überwältigt . . . und sie mißachtet den Befehl des Vaters: Als wenige Augenblicke später Hunding auf den Kampfplatz stürmt, feuert Brünnhilde den Wälsung an: »Triff ihn, Siegmund! Traue dem Schwert!«

Das hätte sie besser nicht getan. Außer sich fährt Wotan dazwischen, zerschmettert Siegmunds Waffe und sorgt so für das unrühmliche Ende seines Sohnes, auch wenn ihm, weiß Gott, nicht danach zumute ist.

Im nächtlichen Chaos sammelt Brünnhilde geistesgegenwärtig die Bruchstücke des Schwertes, flieht mit Sieglinde zu ihren Schwestern und erbittet Schutz vor dem wütenden Vater. Die Walküren singen zunächst ein bekanntes Konzertstück und empfehlen dann Sieglinde, sich in einem ostwärts gelegenen Wald zu verbergen.

Als Sieglinde tief deprimiert am Sinn ihres Lebens zweifelt, zeigt sich Brünnhilde besser informiert. Sieglinde habe keinen Grund zur Klage. Schon in einem dreiviertel Jahr werde sie Mutter eines Helden, wie ihn die Welt noch nicht gesehen habe. Der werde das Schwert wieder zusammenschmieden, und einen Namen habe sie auch schon: Siegfried. Getröstet rafft Sieglinde die Teile des Schwertes zusammen und flieht in die Nacht. Die vor Angst schreienden Walküren nehmen Brünnhilde in ihre Mitte, um sie vor dem Zorn des Vaters zu schützen.

(Die Walküre, 3. Aufzug, Ende der 1. und Beginn der 2. Szene)

Wotans in ungewohnter Lautstärke vorgetragene Wut treibt Brünnhilde aus ihrem Versteck: »Hier bin ich, Vater, gebiete die Strafe.«

Und wieder ist dieser Gott nicht frei in seiner Entscheidung. Soll die staatliche Ordnung aufrechterhalten bleiben, gibt es auch für seine Tochter keine Ausnahme.

Das bedeutet für Brünnhilde nicht nur Ausschluß aus der Ehrenlegion der Walküren und Verlust aller göttlichen Eigenschaften. Sie wird auch noch dazu verurteilt, als sterblicher Mensch, schlafend auf freiem Feld, dem ersten besten zu gehören, der sie haben möchte.

Auf ihre verzweifelte Bitte gewährt der Vater eine Milderung: Er wird einen Ring aus Feuer um seine Tochter legen, um sie vor unwürdiger Willkür zu schützen. Wenigstens Furchtlosigkeit soll ein fremder Mensch beweisen, bevor er sie berühren darf. Dann vergessen Vater und Tochter alle Regeln der Staatsräson. Sie fallen sich in die Arme und nehmen für immer voneinander Abschied.

(Die Walküre, Finale)

Eine halbe Stunde Pause.

Es mag sein, daß Ihnen die Pause kurz vorgekommen ist. Wie man sich doch täuschen kann: In Wahrheit liegt Brünnhilde nun schon seit 20 Jahren im Tiefschlaf.

Den Riesen Fafner hat sein immenses Kapital stark verändert. In einer umwaldeten Höhle verwandelte er sich in ein wurmartiges Scheusal und wälzte sich über seine Vermögenswerte. Ganz in der Nähe hat sich auch Alberichs Bruder, der Zwerg Mime, angesiedelt, um Fafner bei der geringsten Unvorsichtigkeit das Kapital samt Ring wieder abzunehmen.

Eines Nachts taumelte Sieglinde – unangemeldet – in Mimes Behausung und machte ziemliche Umstände. Sie genas eines Knaben, und Mime sah sich genötigt, bei der Entbindung behilflich zu sein, was die Wöchnerin allerdings nicht überlebte. Ihre einzige Hinterlassenschaft bestand außer dem Kind in einem zertrümmerten Schwert. Seitdem ist der gelernte Schmied Mime vergeblich bemüht, die einzige Waffe zu schmieden, mit der Fafner zu erledigen ist.

In dieser asozialen Umgebung wächst der kleine Siegfried auf. Aus dem Säugling ist ein sympathischer Modellathlet geworden, ein unbekümmerter, fröhlicher Naturbursche, wenn auch mit schlechten Manieren. Das Gegenteil also von seinem Großvater Wotan.

Zu Beginn des Dramas *Siegfried* haben die zwischenmenschlichen Beziehungen in der veralteten Waldschmiede ihren Tiefpunkt erreicht. Mime heuchelt väterliche Liebe, Siegfried verabscheut seinen Ziehvater mit der ganzen Taktlosigkeit antiautoritärer Kinder. In einer gereizten Aussprache fordert Siegfried die Wahrheit über seine eigene unerfreuliche Herkunft.

(Siegfried, 1. Aufzug, aus der 1. Szene)

Mit Siegfrieds Daumen an der Kehle wird Mime gesprächig. Widerwillig berichtet er vom Ableben Sieglindes und nörgelt über den schwachen Lohn, den er für Mühe, Kost und Pflege des Neugeborenen erhalten habe: nur das kaputte Schwert.

Siegfried reagiert mit einem Ausbruch kindlicher Lebenslust. Sofort habe ihm Mime dieses Schwert zu reparieren. Dann werde er sich hinausschwingen in die Welt und allen zeigen, was eine Harke ist. Er enteilt ins Unterholz und läßt einen Mime zurück, der zutiefst beklagt, keinerlei Kenntnisse im Schmieden moderner Kampfschwerter zu besitzen.

Da tritt der große Unbekannte über die Schwelle. Ein Wanderer, einäugig, mit Schlapphut und Speer, auch von den hintersten Parkettreihen unschwer als Wotan auszumachen. Der Göttervater hatte sich nach der durchlittenen Katastrophe aus Ehe- und Berufsleben resigniert zurückgezogen, um nur noch das zu tun, was seine Frau immer am meisten geärgert hat: herumzuschweifen.

Aber er wäre kein Gott im Ruhestand, würde er den Gang der Dinge nicht weiter im Auge behalten, um im Bedarfsfall vorsichtig nachzuhelfen. Nun hat er ja mit seinem Enkel Siegfried wieder ein Eisen im Feuer. Er kommt also ganz zufällig mal vorbei und verwickelt den enervierten Mime nach Quizmasterart in ein gegenseitiges Ratespiel mit hohem Einsatz. Eine falsche Antwort kostet den Kopf. Wotan amüsiert sich.

Zunächst geht alles glatt. Aber dann gerät Mime in tödliche Verlegenheit. Auf die letzte, entscheidende Frage Wotans: Wer schmiedet das Schwert Nothung neu? weiß Mime keine Antwort und verspielt sein Zwergenhaupt. Im Gehen gibt Wotan dem verzweifelten Mime einen Tip: Wer das Fürchten nie gelernt hat, der schmiedet Nothung neu ... und dem überlasse er auch Mimes Kopf!

(Siegfried, 1. Aufzug, Ende der 2. Szene)

Mime ist nicht zu beneiden. Einerseits braucht er ein Schwert und einen furchtlosen Drachentöter. Andererseits verliert er seinen Kopf an Siegfried, wenn der nicht in Bälde das Fürchten lernt.

Jedenfalls zeigt Siegfried bei der Schilderung des gefährlichen Riesenwurms Fafner nicht die geringste Furcht. Im Gegenteil: Frohlockend wittert der Jüngling eine Heldentat.

Schon ist er mit allen Finessen des höheren Schmiedehandwerks vertraut, hämmert Nothungs Einzelteile zusammen und singt dazu auswendig zwei mehrstrophige Lieder.

Das fertige Werkstück läßt Siegfried übermütig auf den Amboß sausen. Leider zerfällt dieser schon während des Ausholens in zwei Teile. Auch der Vorhang fällt rasch.

Der zweite Akt spielt vor der Höhle des Riesenwurms Fafner. Zunächst schleichen zwei alte, verfeindete Interessenten um den heißen Brei, Wotan und Alberich, die sich nur darin einig sind, daß ein anderer die Kastanien aus dem Feuer holen wird.

Eine Viertelstunde später erscheinen Siegfried und Mime. Nach kurzem Gespräch weiß der Zwerg, daß der furchtlose Siegfried den Saurier schlachten wird. Auch gut. Denn der Held wird durstig sein nach der Tat, und mit einer vergifteten Erfrischung wäre der eigene Kopf zu retten *und* das Fafnersche Vermögen! Mime geht nach links ab.

Siegfried lagert sich unter einer Linde, wo ihn Wagner zwölf Jahre sitzen läßt, um schnell mal *Die Meistersinger* und den *Tristan* zwischendurch zu komponieren. Erst dann beginnt Siegfried, über seine Eltern nachzugrübeln.

(Siegfried, 2. Aufzug, aus der 2. Szene)

Auf einen Wink Wagners vollzieht sich nun endlich die populärste Szene des deutschen Sagenschatzes: Siegfried erschlägt den Drachen. Nach dem Genuß einiger Blutstropfen des Ungeheuers versteht er unversehens die Sprache eines Waldvogels, der ihm – wie das Waldvögel so machen – einen Rat erteilt. Siegfried dürfe sich von den Nibelungenschätzen vor allem Ring und Tarnhelm nicht entgehen lassen.

Ohne die geringsten Anzeichen von Neugier stapft Siegfried in die Schatzkammer, findet Ring und Tarnhelm, kommt lustlos wieder ans Tageslicht und begegnet Mime, der ihm eine sehr unbekömmliche Erfrischung reicht. Siegfried riecht den Braten, und das ist das Ende der Beziehung. Von Siegfrieds Schwert nur leicht touchiert, haucht Mime sein Leben aus.

Schon ist das Waldvöglein wieder zur Stelle und verheißt nun Siegfried etwas, das er noch nie gesehen hat: eine Frau!

Siegfried ist entzückt, er kann ja nicht ahnen, was das bedeutet. Unter der Führung des Waldvögleins stürmt er jubilierend in sein Verhängnis.

Eine Stunde später trifft er auf seinen Großvater, der sich nicht zu erkennen gibt. Wotan will sich eigentlich nur davon überzeugen, daß dieser junge Mann in aller Unschuld das Zeug dazu hat, Rechte und Pflichten des zusammenbrechenden Götterregimes zu übernehmen. Aber dann geht es Wotan eben doch gegen den Strich, so sang- und klanglos den Weg zu seiner Tochter und das Feld zu räumen.

Mit seinem Speer pariert er den ziemlich unverschämten Siegfried. Der aber greift zum Schwert und zertrümmert das göttliche Machtsymbol. Eine Szene, die Väter, Großväter und Schwiegerväter nicht gerne sehen.

(Siegfried, 3. Aufzug, aus der 2. Szene)

Nach dieser letzten Auseinandersetzung mit der jungen Generation hat Wotan die Bühne der Oper und des Weltgeschehens für immer verlassen. Siegfried dagegen bläst munter sein Horn und durcheilt die Feuersbrunst. Auf sonniger Höh' stößt er auf einen schlafenden Krieger, dessen Atmung offensichtlich durch seinen Brustpanzer beeinträchtigt wird.

Kaum hat Siegfried das schwere Oberteil geöffnet, wölbt sich ihm der Busen eines hochdramatischen Soprans entgegen. Nachdem sich der Held von diesem Schock erholt hat, macht er eine durchaus richtige Beobachtung: »Das ist kein Mann!«

Zum ersten Mal in seinem Leben empfindet er nackte Furcht und verhält sich wie alle jungen Männer in dieser Situation: Er schreit nach seiner Mutter. Wenig später erwacht Brünnhilde, an der die zwanzig Jahre spurlos vorübergegangen sind, und ein gesunder Eros bricht sich Bahn.

(Siegfried, Finale)

Im Vorspiel der *Götterdämmerung* äußern sich drei Damen unterschiedlicher Stimmlage ziemlich deprimiert über das drohende Ende der alten Welt. Es sind Nornen, Schicksalsgöttinnen also, die beruflich mit diesen Dingen zu tun haben.

Um so schlimmer, daß ihnen der Schicksalsfaden reißt,

an dem sie schon des längeren spinnen. Schicksalsfäden sind eben auch nicht mehr das, was sie mal waren. Zum Glück wird das Stimmungstief von einem Orchesterzwischenspiel überbrückt. Als Morgendämmerung erhebt es sich vom kleinen Klarinetten-Thema ins Fortissimo des Sonnenaufgangs. Es scheint ein strahlender Tag zu werden.

(Götterdämmerung, aus dem Vorspiel)

Siegfried und Brünnhilde, die Jungvermählten, sind bester Laune. Das überrascht insofern, als Siegfried grade seine Sachen packt, um ohne seine Frau eine zeitlich unbegrenzte Abenteuerreise anzutreten. Die Neigung zu derartigen Eskapaden liegt ja seit Großvater Wotan leider in der Familie.

Immerhin läßt Siegfried, als Unterpfand der Treue, sein wertvollstes Teil zu Hause: seinen Ring, dessen verheerende Wirkung beide nicht kennen ... Nach jubilierendem Abschied macht er sich mit Brünnhildes Pferd Grane, seinem Schwert, dem Horn, der Tarnkappe und mit einer Unzahl von Leitmotiven auf den Weg. Hier endet das Vorspiel.

Mit Beginn des 1. Aktes befinden wir uns am königlichen Hofe der Gibichungen. Anwesend sind Gunther als unverheirateter Familienvorstand, seine ebenfalls ledige Schwester Gutrune und Hagen, ein Halbbruder Gunthers.

Zum Verständnis der folgenden haarsträubenden Intrige gehört die Kenntnis gewisser Familieninterna im Hause Gibichung. König Gunthers Mutter war vor Jahren ausgerechnet dem häßlichen Klassenfeind Alberich gegen Bargeld zu Willen gewesen und hatte ein Kind bekommen, Gunthers Halbbruder, den Bastard Hagen.

Seit dieser mißgelaunte schwere Baß mit Siegfrieds bevorstehender Ankunft rechnet, ist er von dem Gedanken besessen, den Ring zurückzugewinnen, der seinem Vater Alberich von Wotan entrissen worden war. Die beste Voraussetzung aber ist hierfür die Zerrüttung der Ehe Siegfrieds, der im offenen Kampf nicht zu schlagen ist.

Mühelos gelingt es Hagen, den eitlen Gunther auf Brünnhilde scharf zu machen und der törichten Gutrune den schönen Siegfried zu versprechen. Diesem prominenten Helden müsse man nur mit Hilfe von Alkohol und Drogen gewisse Hemmungen nehmen. Vorsorglich verschweigt Hagen den kleinen Schönheitsfehler, daß Siegfried und Brünnhilde zur Zeit noch glücklich verheiratet sind.

Schon hört man von draußen das Horn. Der erhoffte Besuch steht vor der Tür.

(Götterdämmerung, 1. Aufzug, 2. Szene)

Beim ersten Schluck aus Hagens üblem Willkommensbecher zeigt Siegfried noch keine Wirkung. Aber dann verläßt ihn innerhalb eines Augenblickes sein Erinnerungsvermögen.

Über die plötzlich aufflammende Leidenschaft zu Gutrune könnte man hinwegsehen. Vorkommnisse dieser Art liegen im Toleranzbereich jeder Urlaubsreise, und Gutrune gilt ohnehin als Sonderfall: Sie ist, wie man weiß, unter allen in der Ring-Tetralogie auftretenden Frauen als einzige nicht Siegfrieds Tante.

Vielmehr zeigt sich die schauerliche Verwandlung Siegfrieds in der Bereitschaft, seine eigene Frau Brünnhilde gewaltsam zu entführen und zur Braut Gunthers zu machen.

Umgehend wird die Ausführung der Untat durch Blutsbrüderschaft bekräftigt und männlich grölend beschworen. Die Bühne leert sich. Nur Hagen bleibt zurück und besingt die bevorstehende Katastrophe mit einer Arie.

(Götterdämmerung, 1. Aufzug, Ende der 2. Szene)

Inzwischen hütet Brünnhilde das Heim und gedenkt liebevoll ihres fernen Ehemannes. Überraschend erhält sie Besuch von Waltraute, einer Walküre, die trotz strengsten Verbots aus Walhall herübergeritten ist, um bei der Schwester Brünnhilde ihr Herz auszuschütten.

Sie schildert den trostlosen Zustand Wotans, des an Leib und Seele gebrochenen Vaters, und beendet ihren Bericht mit düsteren Worten, die Wotan wie im Traum gesprochen habe: von einem Fluch würden Gott und die Welt befreit, wenn Brünnhilde sich entschließen könne, ihren verdammten Ring den Rheintöchtern zurückzugeben.

Da gerät Brünnhilde aus bedrohlicher Ruhe in helle Empörung. Der Ring sei das Liebespfand ihres Ehemannes und bliebe da, wo er hingehöre: an ihrem Finger. Im übrigen könne sich Waltraute das Glück der Welt und ihrer Götter, einschließlich aller Staatsmänner und Nationen, getrost an den Hut stecken.

(Götterdämmerung, 1. Aufzug, 3. Szene)

Noch während Waltraute unverrichteter Dinge zurückgaloppiert, erschrickt Brünnhilde zu Tode. Ein wildfremder Mann steht in der Tür und begehrt sie zum Weibe, ohne sich vorgestellt zu haben. Eine Situation, die Tausende von

Jahren später niemanden mehr wundern wird. Hier aber wehrt sich Brünnhilde noch mit aller Kraft, bevor sie dem Unbekannten erliegt.

Es ist Siegfried, der mit Hilfe der Tarnkappe Gunthers Gestalt angenommen hat und sicherheitshalber eine Quinte tiefer singt als gewöhnlich. Nach kurzem Handgemenge reißt er Brünnhilde den Ring vom Finger und zwingt sie, die Bettstatt mit ihm zu teilen. Unmittelbar darauf singt er so hoch wie früher und versichert später jedem, es sei sonst nichts vorgefallen.

Erst auf dem Rückweg im Frühnebel tauschen Siegfried und der echte Gunther unbemerkt ihre Rollen. Sodann eilt Siegfried voraus nach Gibichung in die Arme Gutrunes.

Wenig später, beim großen Empfang in Gibichung, erkennt Brünnhilde den gestohlenen Ring an Siegfrieds Hand. Mit einem gellenden Aufschrei entlarvt sie den eigenen Mann als Täter. Siegfried zeigt nicht den geringsten Gewissensbiß. Im Gegenteil: er scherzt noch ziemlich unpassend: »Gunther, deinem Weib ist übel!«, beschwört seine Unschuld und geht, mit Gutrune schäkernd, nach rechts ab.

Die Entrüstung der Zurückgebliebenen nutzt Hagen zur Forderung nach Rache für die allerseits erlittene Schmach. Es erhebt sich kein Widerspruch. Brünnhilde verrät sogar Siegfrieds schwächsten Punkt. Dieser befinde sich – anders als sonst bei Ehemännern – auf seiner Rückseite. Damit ist Siegfrieds Ende besiegelt. Tags darauf lagert eine Jagdgesellschaft im Walde, falls das ein zeitgenössischer Bühnenbildner zuläßt. Außer den Treibern erkennt man Siegfried, Gunther und Hagen. Ein herber Landwein kreist, und Siegfried erzählt auf allgemeinen Wunsch aus seinem Leben.

Kurz vor Erreichen der Gedächtnislücke praktiziert ihm Hagen eine Gegendroge ins Trinkhorn. Schon nach dem ersten Schluck setzt Siegfrieds verlorenes Erinnerungsvermögen peinlich präzise wieder ein. Entzückt schildert er den Weg in die Arme seiner Braut Brünnhilde und überführt sich damit selbst des Meineides.

Lustvoll stößt Hagen den Speer in Siegfrieds ungeschützten Rücken.

(Götterdämmerung, 3. Aufzug, Ende der 2. Szene)

Die Leiche Siegfrieds ist in der Halle der Gibichungen aufgebahrt. Lauthals brüstet sich Hagen mit seiner Untat und verlangt als rechtmäßige Beute den Ring vom Finger des Toten. Gunther widersetzt sich und wird der Einfachheit halber umgebracht.

Aber bevor Hagen den Ring berühren kann, der in drei Generationen und vier Opern Götter, Riesen und Menschen ruinierte, erhebt sich warnend der Arm des toten Siegfried.

Im allgemeinen Entsetzen eröffnet Brünnhilde das Finale mit einem Liebesbekenntnis zu ihrem Mann. Sie läßt einen Scheiterhaufen errichten für das Ende an seiner Seite. Ungehindert streift sie den Ring von Siegfrieds Hand, um ihn, endlich, den Töchtern des Rheins zurückzugeben. So nutzt sie die letzten Minuten ihres Lebens zur Abrechnung mit der unfähigen Götterfamilie und zur erlösenden Tat.

Dann beginnt der Alptraum der Bühnentechnik: Brünnhilde gibt ihrem Pferd die Sporen und springt in das Flammenmeer, von dem auch Walhall verschlungen wird. Der

Fluß wogt über die Ufer, die Rheintöchter halten den Ring wieder in ihren Händen und ziehen Hagen in die Tiefe.

Nicht gerade ein Happyend also, aber der Urzustand der Unschuld ist fast wiederhergestellt. Die Partitur läßt einen neuen Anfang zu.

Noch bleibt uns die Hoffnung, es werde so manches auch unseren Göttern dämmern, ehe der Vorhang endgültig gefallen ist.

(Götterdämmerung, Finale)

Was ist ein Wagnerianer?

Nachwort zu Hermann Schreiber
»Werkstatt Bayreuth«
Albrecht Knaus Verlag München, 1986

Sehr verehrter Herr Schreiber,

wir hatten telefoniert und, wie ich glaube, über *Wagneriana* gesprochen. Was man heute darunter verstehe, und ich solle mich schriftlich dazu äußern. Also da hat sich in den letzten hundert Jahren eigentlich nichts geändert. Das waren immer schon Manschettenknöpfe, gesammelte Schriften, Bildpostkarten der Rheintöchter aus dem Festspielsommer 1912, der Kopf des Meisters in Marzipan und ähnliches. Für den Fall jedoch, daß ich mich verhört haben sollte und es sich mehr um *Wagnerianer* handelte, wird es komplizierter. Die Endung »ianer« kennzeichnet in der Regel bedingungslose Anhängerschaft in Verbindung mit einer gewissen Trotzhaltung gegenüber Andersdenkenden. Zum Beispiel Freudianer, Kantianer. Das ist jedoch nur bedingt richtig: Schon Persianer und Indianer sind auf diese Weise schwer zu definieren. Hier sind die Gründe dafür zu suchen, warum alle Deutungen des Begriffes bisher so wenig befriedigen. Noch am interessantesten erscheint mir die Ansicht, für einen Wagnerianer gehörten der *Don Giovanni, die Matthäuspassion* und Beethovens späte Streichquartette auf das Feld der leichten Muse, obgleich ihm die *Götterdämmerung* kurzweiliger erscheint als eine *Nacht in Venedig*.

Mit freundlichen Grüßen

Möpse & Menschen

Vorwort zum gleichnamigen Versuch einer Autobiographie Diogenes Verlag Zürich, 1983

Was meinen autobiographischen Versuch von anderen unterscheidet, ist die Absicht, mich in möglichst vorteilhaftem Licht erscheinen zu lassen. Der Leser wird also nichts über meine jahrelange Tätigkeit für den sowjetischen Geheimdienst erfahren, nichts über die Tatsache, daß ich gelegentlich (in netter Form) vollbesetzte Verkehrsflugzeuge zur Kursänderung zwinge, auch nichts über meine unglückliche Neigung, Säuglinge zu verzehren, vorausgesetzt, daß sie schmackhaft zubereitet sind.

Statt dessen nehme ich die Gelegenheit wahr, auf das uralte Geschlecht hinzuweisen, dem ich angehöre, dem männlichen nämlich, und erhärte mit einigen entzückenden Kinderbildern die Vermutung, auch ich sei einmal klein gewesen. Verblüfft stellte ich bei der Durchsicht meiner Privatfotos fest, wieviel größer und schöner ich im Lauf der Jahrzehnte geworden bin, nur übertroffen von jenen Lebensgefährten, denen ein wesentlicher Teil dieses Buches gewidmet ist: meinen Möpsen.

Als Folge einer sonderbaren Laune der Natur sind diese Geschöpfe fast unseresgleichen, nur eben nicht Menschen, sondern Möpse. Das ist kein Nachteil. Menschen, die meine Möpse und ihre Lebensweise kennen, äußern gelegentlich den Wunsch, mit ihnen tauschen zu dürfen (ich nehme mich da nicht aus). Dennoch muß in diesem Zusammenhang daran erinnert werden, wie schwer in unserer Gesellschaftsordnung schwächere Gruppen um ihre Anerkennung zu kämpfen haben. Die Frau, beispielsweise, vermochte erst nach Jahrtausenden der Unterdrückung eine Position einzunehmen, die ihr seit jeher zustand. Heute ist sie aus dem privaten und öffentlichen Leben kaum mehr wegzudenken.

Nicht so der Mops. Ihm wurde trotz einer viertausendjährigen ruhmreichen Vergangenheit nahezu alles vorenthalten, was an sozialen Verbesserungen erarbeitet worden ist. Das öffentliche Leben geht am Mops vorbei. Es hat keinen Zweck, diese deprimierende Tatsache beschönigen zu wollen.

Dem Menschen von heute fällt daher die Aufgabe zu, dem Mitmops zumindest Verständnis für seine Probleme entgegenzubringen. Nur so hat der Mops die Chance, seinen Platz in unserer Gesellschaft zu definieren. Die Zeit drängt. Wenn der Mops erst durch die Gleichgültigkeit der verantwortlichen Kreise in den Untergrund ausweicht und dort eine unheilvolle Aktivität entwickelt, ist es zu spät.

Meine sechzehnjährige Erfahrung mit Möpsen stützt sich nicht nur auf familiäre Beziehungen, sondern auch auf häufige berufliche Zusammenarbeit. Der Betrachter dieses Buches wird den Mops im Einsatz am Nordpol erleben, auf dem Mond und in einer seltenen Abart als gehörnten König des Waldes, aber auch im Familienkreis und als geduldiges Motiv fotografierender Journalisten. Bei geeigneter Fortbildung und sinnvoller Tätigkeit erweist sich der Mops ohnehin dem Menschen überlegen. Beispielsweise ist er in der Lage, auf einem festlich gedeckten Tisch herumzulaufen, ohne etwas umzustoßen. Auch vermag er ein halbes Pfund entwendeter Markenbutter auf einen Sitz zu verzehren, ohne Schaden an seiner Gesundheit zu nehmen. In Anbetracht seines edlen Herzens stellt sich die Frage nach äußerer Schönheit nicht. Schon die Schwanzhaltung des Mopses deutet auf Verinnerlichung.

Diese Darstellung sollte alle Fragen nach Gründen zur Wahl des Buchtitels hinreichend beantworten. Natürlich muß ich mit rassistischen Vorurteilen rechnen. Lesern aus diesen Kreisen darf ich die Betrachtung der Bilder meiner Vorfahren und der engeren Familie empfehlen. Letztere haben, was ich nicht ohne Wehmut feststelle, mit Möpsen wenig gemeinsam.

Mein Jahresende 1992

Die Bunte, Nr. 1, 1993

Montag, 28. Dezember
Sonntag abend zu spät eingeschlafen. Versuch, am Montag morgen etwas Schlaf nachzuholen, mißlingt, weil unsere Hunde am Gartenzaun mit anderen Hunden Meinungsverschiedenheiten über den Sinn der Feiertage austauschen. Gegen 10 Uhr verspätetes Frühstück. Ab 11 Uhr Spaziergang mit den Enkelkindern und Hund Anton. Vorher Ermahnungen der Hausfrau, nach Rückkehr aus Feld und Wald nicht mit den schmutzigen Schuhen direkt ins Wohnzimmer zu gehen. Ab 12 Uhr 30 gereizte Stimmung, weil wir versehentlich mit den schmutzigen Schuhen direkt ins Wohnzimmer gegangen sind. 13 Uhr kleiner gemeinsamer Imbiß. 14 Uhr 30 muß der Vorsatz, mit den Enkelkindern zu spielen, verschoben werden, weil ich meine Texte für das Silvesterkonzert im Münchener Nationaltheater nochmal überarbeiten muß. 17 Uhr Gespräch mit Töchtern Bettina und Susanne: Bald sind die Enkelkinder groß, und ich habe viel zuwenig mit ihnen gespielt. 19 Uhr 30 will ich mit den Enkelkindern spielen. Erfahre, daß sie jetzt ins Bett müssen. Entschluß, mein Leben im nächsten Jahr zu ändern.

Dienstag, 29. Dezember
Alles wie Montag.

Mittwoch, 30. Dezember
Sämtliche Texte für das Konzert nochmal umgeschrieben. Um 18 Uhr Probe im Nationaltheater München (80 km hin und zurück).

Donnerstag, 31. Dezember
Um 10 Uhr Generalprobe im Nationaltheater (80 km hin und zurück). Nachmittags letzte Textkorrekturen. 17 bis 17 Uhr 30 Suche nach der einzigen Brille, die für das Lesen der Moderationen tauglich ist. 18 Uhr Aufbruch der ganzen Familie (7 Personen) zum Silvesterkonzert und anschließendem Wohltätigkeitsessen (80 km hin und zurück). Um 24 Uhr Enttäuschung der *Kinder,* daß nichts los ist. Versprechen, das nächste Mal in die Berge zu fahren.

Aus der Welt der Oper

Szenische Erläuterungen zu Gala-Konzerten im Nationaltheater München von 1987 bis 1992

Richard Wagner
Tannhäuser

Es geht da um einen Berufssänger namens Heinrich aus dem anderen Teil Deutschlands, der sich davongemacht hatte, um sich anderweitig zügellosem Wohlleben hinzugeben, während Elisabeth, die Dame seines Herzens, jenseits der Grenze, in Eisenach verblieben war.

Unverhofft erfährt sie von seiner Absicht, heimzukehren, um anläßlich eines Minneliederabends wieder in Eisenach aufzutreten. Voller Vorfreude eilt Elisabeth in die Halle, in der sie den Geliebten so oft hat singen hören. Sie hängt so ihren Gedanken nach, wobei ihr auch die überhöhten Baukosten des Kulturzentrums in den Sinn kommen.

Sie hören Orchestereinleitung und Arie »Dich teure Halle grüß ich wieder« aus der Oper *Tannhäuser* von Richard Wagner, gefolgt vom Einzug der Gäste.

Wolfgang Amadeus Mozart
Così fan tutte

Die Oper *Così fan tutte* des in Österreich sehr bekannten Komponisten Mozart ist derart unanständig, daß sie in Deutschland meist italienisch gesungen wird.

Ein erfahrener älterer Mann wettet mit zwei jüngeren, daß ihre beiden Bräute – wie alle Frauen – durch andere Männer jederzeit verführbar seien. Die Wette gilt.

Beide Herren verabschieden sich also von ihren Verlobten mit der Behauptung, die Pflicht riefe sie auf einen fernen Kriegsschauplatz. Zwanzig Minuten später kehren sie mit angeklebten Bärten als zugereiste Ausländer zurück und bedrängen die zwei einsamen Damen, was das Zeug hält. Ich sage es ungern, aber noch vor Ende der Oper haben beide Liebhaber, unterstützt von der Kammerzofe, jeweils die Braut des andern rumgekriegt und die Wette verloren.

Man versteht die Äußerung des empörten Beethoven, ihm wäre zu dieser unpassenden Geschichte keine Note eingefallen. Aus heutiger Sicht sieht die Sache allerdings anders aus: Die Damen haben nur bewiesen, daß sie nichts gegen Ausländer haben.

Georges Bizet
Carmen

Wenn ich mich recht entsinne, war es eine Rippe, die unser ältester männlicher Vorfahr seinerzeit opfern mußte, um die Herstellung des Weibes zu ermöglichen.

In Georges Bizets Oper opfert der spanische Sergeant Don José darüber hinaus auch noch militärische Karriere und gesicherten Pensionsanspruch für Carmen, eine Dame zweifelhaften Rufes mit häufigem Partnerwechsel. Ein interessanter Fall im Rahmen der weltweiten Gefährdung des Mannes durch die Frau.

Immerhin lassen sich Carmen und ihre Freundinnen von zwei verläßlichen Berufsschmugglern zur Teilnahme an Geschäften bewegen, die bei der Zollfahndung nicht gern gesehen sind.

Don José hat Carmens wegen gerade eine zweimonatige Haftstrafe abgesessen, ist aber bereit, an der Seite der Geliebten ein neues berufliches Risiko als ungelernter Schmuggler einzugehen. In diesem ungeeigneten Moment seines bürgerlichen Werdegangs nimmt er sich Zeit für das Absingen einer ohnehin schon ziemlich bekannten Opernarie.

Camille Saint-Saëns
Samson und Dalila

Der Komponist entnahm den Inhalt für seine Oper dem Alten Testament ... wie wir alle wissen: dem Buch der Richter, Kapitel 16, Vers 4 bis 30.

Gegen die übermenschliche Körperkraft Samsons sind seine Feinde machtlos. Man weiß jedoch um seine Schwäche für attraktive Frauen. Also wird die stadtbekannte Schönheit Dalila auf ihn angesetzt mit dem Auftrag, herauszufinden, wo die Wurzel seiner Kraft zu suchen sei.

Dalila muß nicht lange suchen. Nach dem Vorspiel, übrigens in b-Moll, entdeckt sie das Gesuchte in den Lokken ihres Gastes. Noch schlafend wird Samson geschoren und mühelos überwältigt.

Daß Samson dann auch nach dem Verlust seiner Locken den Tempel der Philister mit bloßen Händen zum Einsturz bringt, mag ein Trost sein für alle, die den Verlust ihres Hauptharres zu beklagen haben.

Giuseppe Verdi
Othello

Nur wenige Feldherren haben das Glück, lediglich durch die Erdrosselung der eigenen Gattin in die Geschichte einzugehen. Schade, möchte man fast sagen.

Der zugereiste Venezianer Othello ist hierfür das überzeugendste Beispiel.

Auch eine gewisse Liebe zur Musik gehört wohl zu seinen privaten Neigungen. Denn Othello riskiert drei Stunden vor der Tat – unter den Augen der entsetzten Bevölkerung einer cyprischen Hafenstadt – trotz Gewitter und sturmgepeitschtem Meer eine nächtliche Bruchlandung, um Giuseppe Verdi den hochdramatischen Beginn seiner Oper zu ermöglichen.

Giuseppe Verdi
Falstaff

Es ist kaum zu begreifen, warum sich gegen die diffamierende Darstellung des Mannes auf der Opernbühne noch kein Protest erhoben hat. Es geht dabei nicht so sehr um Männer der Tat wie Othello, Bajazzo oder Don José, die sich jeweils ihrer Lebensgefährtin gewaltsam entledigen. Das ist ja zu verstehen und hat eine gewisse Größe.

Ganz anders aber liegt der Fall in Verdis letztem Werk, der Oper *Falstaff*. Hier besteht das gesamte männliche Ensemble fast ausnahmslos aus Betrügern, gehörnten Ehemännern, ungeschickten Verführern und korrupten Angestellten.

Schlimmer noch: Der übergewichtige englische Edelmann Sir John Falstaff beleidigt die Ehre im allgemeinen und seine eigene im besondern durch einen schamlosen Monolog. Die Ehre sei nichts als zwei Silben, man könne sie nicht einmal essen und daher gut auf sie verzichten. Diese Haltung ist schon empörend genug ... muß dazu auch noch gesungen werden?

Aber wir haben Glück gehabt. In Körper und Stimme des unförmigen, ehrlosen Verführers schlüpft ein Mann, dessen Formen und einwandfreie Lebensweise außer Frage stehen: Dietrich Fischer-Dieskau.

Franz Lehár
Giuditta

Wer täglich die wichtigsten Kommentare in der Presse gelesen, die Meldungen der Rundfunksender gehört und die abendlichen Nachrichten des Fernsehens durchlitten hat, benötigt zwei doppelte Cognacs, eine psychotherapeutische Behandlung und geistlichen Beistand. Dann geht ihm das Auftrittslied des Octavio aus der Operette *Giuditta* von Franz Lehár wieder leicht von den Lippen: »Freunde, das Leben ist lebenswert!«